VEGETARISCH GRILLEN
BEST OF
BBQ
GRILL-BASICS UND REZEPTE ZUM GENIESSEN – GANZ OHNE FLEISCH

Lust auf Gemüse!

Was gibt es Schöneres, als gemeinsam mit lieben Freunden oder der Familie im Freien zu sitzen, den Grill anzufeuern, gemeinsam zu essen und im Idealfall die ganze Nacht am Feuer zu sitzen, zu reden, alte Erinnerungen auszutauschen und gemeinsame neue zu schaffen? Das gesellige Miteinander ist etwas ganz Besonderes – verbunden mit gutem Essen vom Grill!

Aber Grillen ohne Fleisch? Nichts leichter als das! Es müssen nicht immer Steaks oder Würste auf dem Rost landen. In diesem Buch finden Sie viele leckere und leichte Rezepte, die zeigen, dass vegetarisches Grillen viel mehr ist als nur das bekannte Gemüsepäckchen vom Grill. Sie werden sehen, wie wunderbar vielfältig Grillen ohne Fleisch sein kann und auch bei kaltem Wetter und im Winter Spaß bringt.

Darüber hinaus werden Sie merken, welche Vielfalt hiesige Lebensmittel aufweisen, wann sie wachsen und wie sie zubereitet werden können. Obst, Gemüse und Kräuter können ihren vollen Geschmack nur entfalten, wenn sie saisonal frisch geerntet und die Transportwege kurz gehalten werden. Übersichtliche Saisonkalender werden Ihnen bei der Orientierung helfen.

Viel Freude beim Lesen, Ausprobieren und vor allem beim Grillen — ganz vegetarisch!

Inhalt

BEILAGEN & DIPS

DIESE REZEPTE SIND KOMPLETT VEGAN.

Grund-
lagen

Holzkohlegrills

Der Grillring

In der Mitte brennt das Feuer, im Kreis um das Feuer herum wird gegrillt. Durch die optimale Wärmeverteilung des Grillrings ist dieser vielfältig einsetzbar. Es können kurz gebratenes Gemüse, Spiegeleier und sogar süße Crêpes darauf zubereitet werden. Mit einem glatten Spachtel ist der Ring einfach und schnell zu reinigen und dadurch sehr praktisch.

BESONDERS GEEIGNET FÜR:
Kurzgebratenes, z. B. mediterranes Grillgemüse, Bratkartoffeln, Gebackenes, z. B. Crêpes, Spiegeleier, paniertes Gemüse

Der Kugelgrill

Der Kugelgrill ist mit der gängigste Grill und durch seinen Deckel ideal, um schonend und schnell zu grillen. Je nach Größe hat man die Möglichkeit, eine direkte und indirekte Grillzone einzurichten, was das Grillen im Kugelgrill stark vereinfacht.

BESONDERS GEEIGNET FÜR:
Direkt Gegrilltes, z. B. Grillgemüse, indirekt Gegrilltes, z. B. großes Gemüse wie Fenchelknollen, Gebackenes vom Schamottstein, z. B. Pizza. Bei geschlossenem Deckel können z. B. Muffins in einer Silikonbackform darauf gebacken werden.

Der Smoker

Den Smoker gibt es in verschiedenen Ausführungen. Der Klassiker ist aber die sogenannte Lokomotive. Auf dem Smoker gibt es verschiedene Temperaturzonen, die sich ideal dafür eignen, um verschiedenes Gargut über viele Stunden bei geringen Temperaturen schonend zu räuchern. Zum Räuchern wird gerne Buche, Eiche und verschiedenes Fruchtholz verwendet. Beliebt sind auch Chips und Chunks, die vor dem Räuchern gewässert werden.

BESONDERS GEEIGNET FÜR:
Niedrigtemperatur, z. B. Käse vom Zedernholzbrett, Geräuchertes, z. B. gefülltes Gemüse, Tofu, Käse

Der Dutch Oven

Der Dutch Oven ist ein gusseiserner Topf, der von unten und von oben mit glühender Kohle bedeckt wird. Dadurch schmort das Gargut im Inneren.

BESONDERS GEEIGNET FÜR:
Zum Schmoren und für Eintöpfe.

Die Feuerstelle

Der Klassiker ist immer noch die altbewährte Feuerstelle. Eine leichte Vertiefung in der Erde reicht aus, um mit Holz ein Feuer zu schüren. Das Dreibein darüberstellen, und schon kann es losgehen. Perfekt, um direkt und in der Glut zu grillen. Nach dem Essen kann man nochmals anfeuern und ein romantisches Lagerfeuer genießen!

BESONDERS GEEIGNET FÜR:
Kurzgegrilltes, z. B. Tofu, gegrilltes Gemüse, Gemüsepäckchen, in der Glut backen, z. B. Folienkartoffeln

Der Keramikgrill

Der Alleskönner! Perfekt zum direkten Grillen, indirekten Grillen, Backen, Smoken und Grillen bei Niedrigtemperatur. Durch die Keramik hält die Hitzespeicherung so lange wie bei keinem anderen Grill. Es kann bei niedrigen und hohen Temperaturen über viele Stunden gegrillt werden, ohne dass nachgeschürt werden muss. Die Keramik speichert die Hitze über einen enorm langen Zeitraum. Seit mehr als 3000 Jahren werden Keramiköfen dazu benutzt, um zu garen, zu grillen und zu räuchern.

BESONDERS GEEIGNET FÜR:
Gebackenes vom Schamottstein, z. B. Flammkuchen und Brot, Geräuchertes, z. B. Käse vom Zedernholzbrett, Kurzgegrilltes, z. B. gebratene Gemüsespieße, Langzeitgegrilltes, z. B. gefüllte Kartoffeln, Auberginen. Bei geschlossenem Deckel auch für z. B. Kuchen im Glas geeignet.

Gasgrills/Elektrogrills

Der klassische Gasgrill

Der Gasgrill ist praktisch sofort einsatzbereit. Gasflasche aufdrehen, Regler zünden und loslegen. Durch die Regler lässt sich die Temperatur ideal steuern. Man kann auf ihm direkt und indirekt grillen. Einfach einen Regler auslassen, und schon haben Sie eine indirekte Zone. Mithilfe von Smokerschienen kann man auch auf Gasgrills räuchern, durch das Auflegen eines Schamottsteins lässt sich perfekt backen.

BESONDERS GEEIGNET FÜR:
Kurzgegrilltes, z. B. Linsen-Burger, Tofu, Grillgemüse, indirekt Gegrilltes, z. B. Bruschetta, gegrillter Spargel, Gebackenes auf dem Schamottstein, z. B. Teigtaschen, bei geschlossenem Deckel, z. B. Gemüsequiche

Der High-End-Gasgrill

Der Gasgrill von heute besitzt oft neben dem Grillrost noch eine Kochzone, diese ist ideal zum Kochen von Saucen und Eintöpfen, Woken und Braten. Zudem besitzt er eine eingebaute Infrarot-Sizzle-Zone. Diese kann Temperaturen von bis zu 800 °C erreichen. Auch ein elektronischer Drehspieß gehört mit zur Ausstattung. Fast eine Küche unter freiem Himmel.

BESONDERS GEEIGNET FÜR:
Infrarot Sizzle, z. B. Auberginenscheiben, Veggie Burger, Kurzgegrilltes, z. B. Antipasti-Gemüse, indirekt Gegrilltes, z. B. Käse im Pergamentpapier, Gebackenes auf dem Schamottstein, z. B. Brot, Gegartes auf dem Drehspieß, z. B. Gemüsespieße. Bei geschlossenem Deckel backen, z. B. Hefeteigschnecken

Der Elektrogrill

Der Elektrogrill eignet sich besonders zum Kurzbraten. Durch die kleinere Grillfläche bietet er sich als Balkon-Grill an. Da er allerdings nur eine Temperaturzone und keinen Deckel hat, lässt er sich nicht so vielfältig benutzen wie andere.

BESONDERS GEEIGNET FÜR:
Z. B. Kurzgegrilltes: Patties, Grillgemüse

Der Kontaktgrill

Der Kontaktgrill ist eine sinnvolle Alternative zu gewöhnlichen Grills. Er kann auf dem Balkon oder auch in der Küche genutzt werden und ist sehr praktisch. Er wird kurz aufgeheizt, erzeugt recht hohe Temperaturen und ist schnell einsatzbereit. Er besteht aus zwei meist gusseisernen Grillplatten, die mit Strom beheizt werden. Die untere Platte trägt das Grillgut, und die obere wird auf das Grillgut geklappt, sodass es zwischen den beiden erhitzten Flächen leicht zusammengedrückt und gegart wird. Das lästige Wenden entfällt, während das Grillgut besonders gleichmäßig geröstet wird. Da es sich jedoch eigentlich um einen Bratvorgang handelt, fehlen die klassischen Grillaromen – auf Röststoffe muss aber nicht verzichtet werden.

BESONDERS GEEIGNET FÜR:
Kurzgebratenes Fleisch, flache Spieße, verschiedenes Gemüse, Fisch, Sandwiches, Panini und Fladenbrot, gefüllt und ungefüllt

Sinnvolles Equipment

ANZÜNDKAMIN

Briketts oder Holzkohle können hiermit schnell und einfach zum Glühen gebracht werden.

GEMÜSEKORB

Korb (quadratisch oder rund) mit Löchern. Darin lässt sich Gemüse direkt grillen.

GRILLHANDSCHUH

Zum Schutz der Hand ist ein Handschuh aus Leder oder feuerfestem Textil beim Grillen sehr zu empfehlen.

GRILLKORB

Kleines Grillgut kann schnell und unkompliziert gewendet werden – noch praktischer mit Griff!

GRILLPLATTE

Wenn auf dem Grill etwas gebraten werden soll, ist eine Grillplatte perfekt. Es gibt sie meist mit einer glatten und einer geriffelten Seite.

GRILLSCHALEN

Darin kann empfindliches Grillgut indirekt gegrillt werden. Außerdem können sie als Tropfschalen verwendet werden.

GRILLZANGE

Eine solide Zange zum Wenden von Grillgut.

HOLZKOHLEKÖRBE

Um indirekt grillen zu können, sind Holzkohlekörbe eine praktische Anschaffung. Sie werden mit den glühenden Kohlen oder Briketts befüllt und an der richtigen Stelle im Grill platziert. Auf diese Weise lässt sich die Position der direkten Hitze leicht verschieben.

KOHLEZANGE

Zum Nachlegen von Kohlen, Briketts oder Holz. So macht man sich nicht schmutzig und bleibt in sicherer Entfernung zum Feuer.

PIZZA-/SCHAMOTTSTEIN

Pizza gelingt bei hoher Hitze am besten, deshalb ist Pizza auf dem Grill mit einem Pizzastein aus Schamott einfach perfekt.

RÄUCHERBOX

Mit Räuchermaterial gefüllt, aromatisiert sie das Grillgut. Sie sollte aus Edelstahl oder Gusseisen bestehen.

RÄUCHERSCHALE

Genauso wie die Räucherbox zum Aromatisieren von Grillgut, allerdings wird sie direkt auf die Glut platziert.

SPIESSE

Aus Holz oder Metall, Holzspieße am besten vor Benutzung zunächst etwa 2 Stunden in Wasser einweichen.

Grillmethoden

DIREKT UND INDIREKT GRILLEN

Man spricht heutzutage beim Grillen gerne von „direkt" und „indirekt" Gegrilltem. Diese zwei Grillmethoden vereinfachen das Grillen, verhindern schnelles Anbrennen und zwingen uns zum schonenden Garziehen.

Direktes Grillen

Beim direkten Grillen liegt das Gargut direkt über der glühenden Kohle oder dem voll aufgedrehten Gasbrenner. Das Grillgut ist dabei einer sehr starken Hitze ausgesetzt. Dies ist optimal, etwa für Antipasti-Gemüse, das stark angegrillt wird, damit sich die Röstaromen entfalten können. Eine direkte Grillzone entsteht, wenn man die Brenner des Gasgrills voll aufdreht oder wie beim Kohlegrill direkt über der Glut grillt.

Vorteil: Das Gargut wird direkt stark erhitzt, entwickelt Röstaromen und ist schnell gar.

Nachteil: Das Gargut kann schneller verbrennen, von innen noch roh sein und von außen gar.

Indirektes Grillen

Beim indirekten Grillen liegt das Gargut nicht direkt über der Glut. Bei dieser Grilltechnik wird beim Grillen mit Holzkohle die Glut nur auf eine Seite des Grills zentriert. Beim Gasbrenner werden dafür einfach auf einer Seite des Grills ein oder mehrere Brenner ausgelassen.

Indirektes Grillen vereinfacht einiges. Wenn Sie das Gargut auf der direkten Seite des Grills von allen Seiten scharf angrillen und es danach auf die indirekte Seite des Grills legen und gar ziehen lassen, verhindert das ein schnelles Anbrennen. So lassen sich alle Lebensmittel schonend zubereiten. Die Hitze, die auf das Gargut trifft, ist nicht ganz so heiß wie beim direkten Grillen.

Ideal ist es beim indirekten Grillen, einen Grill mit Deckel zu benutzen, so kann sich bei geschlossenem Deckel die Hitze ideal verteilen. Aber auch bei Grills ohne Deckel sollte man, wenn man die Möglichkeit hat, immer eine indirekte Grillzone schaffen.

Indirektes Grillen eignet sich besonders für großes Gargut, was lange braucht, z. B. gefüllte Auberginen.

Vorteil: Das Gargut kann schonend und stressfrei zubereitet werden. Es verbrennt nicht so schnell.

Nachteil: Das Gargut braucht länger, um gar zu werden. Nicht auf jedem Grill kann man eine indirekte Zone schaffen.

FÜR DIE REZEPTE

Bei den Rezepten in diesem Buch wird nicht angegeben, welcher Grill genutzt werden muss, sondern welche Temperatur und welche Grillmethode gebraucht wird. So sehen Sie auf einen Blick, ob das Rezept für Ihren Grill geeignet ist. Direktes Grillen klappt mit jedem Grill, beim indirekten Grillen muss es möglich sein, eine indirekte Zone einzurichten. Um die Temperatur messen zu können, ist ein Grillthermometer sehr praktisch und garantiert das Gelingen der Gerichte.

Saisonkalender: Gemüse

GEMÜSE/SALAT/PILZE	JANUAR	FEBRUAR	MÄRZ	APRIL	MAI	JUNI
Aubergine						
Bataviasalat						
Blumenkohl						
Brokkoli						
Bohnen						
Chicorée						
Eichblattsalat						
Eisbergsalat						
Erbsen						
Fenchel						
Feldsalat						
Grünkohl						
Gurken						
Karotten						
Kartoffeln						
Knoblauch						
Knollensellerie						
Kohlrabi						
Kopfsalat						
Kürbis						
Lauch						
Mais						
Mangold						
Meerrettich						
Paprika						
Pastinake						
Petersilienwurzel						
Pfifferlinge						
Pilze (Champignons)						
Radieschen						
Rettich						
Rosenkohl						
Rote Bete						
Rotkohl						
Rucola						
Romanasalat						
Schwarzwurzel						
Spargel						
Spinat						
Stangensellerie						
Steckrüben						
Steinpilze						
Tomaten						
Topinambur						
Weißkohl						
Wirsing						
Zucchini						
Zwiebeln						

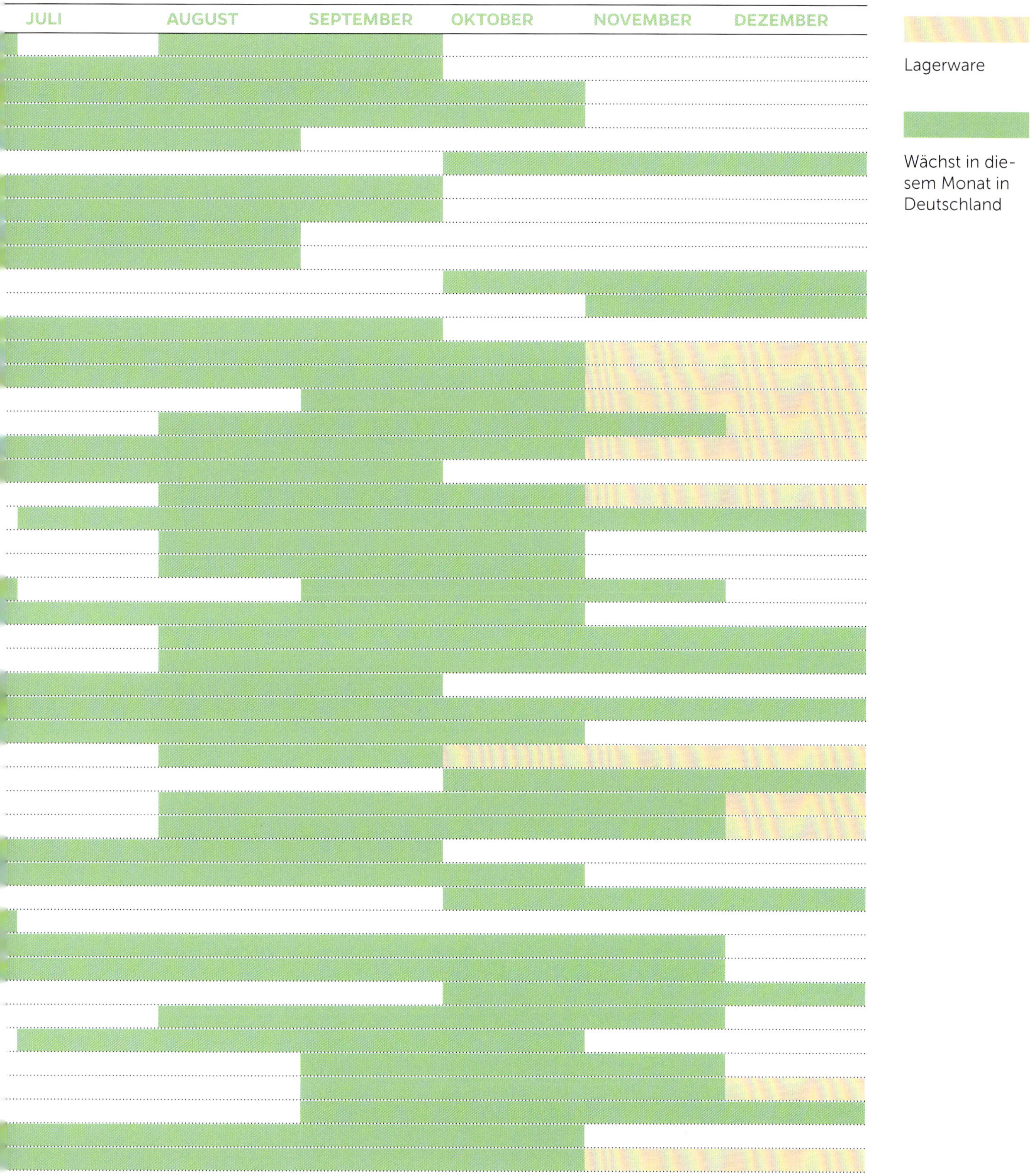
JULI
AUGUST
SEPTEMBER
OKTOBER
NOVEMBER
DEZEMBER
Lagerware
Wächst in diesem Monat in Deutschland

Saisonkalender: Obst

OBST/NÜSSE	JANUAR	FEBRUAR	MÄRZ	APRIL	MAI	JUNI
Äpfel						
Aprikosen						
Birnen						
Blaubeeren						
Brombeeren						
Erdbeeren						
Hagebutten						
Haselnüsse						
Himbeeren						
Holunderbeeren						
Johannisbeeren						
Kastanien						
Kirschen						
Melone						
Mirabellen						
Nektarinen						
Quitten						
Pfirsiche						
Rhabarber						
Stachelbeeren						
Trauben						
Walnüsse						
Zwetschgen						

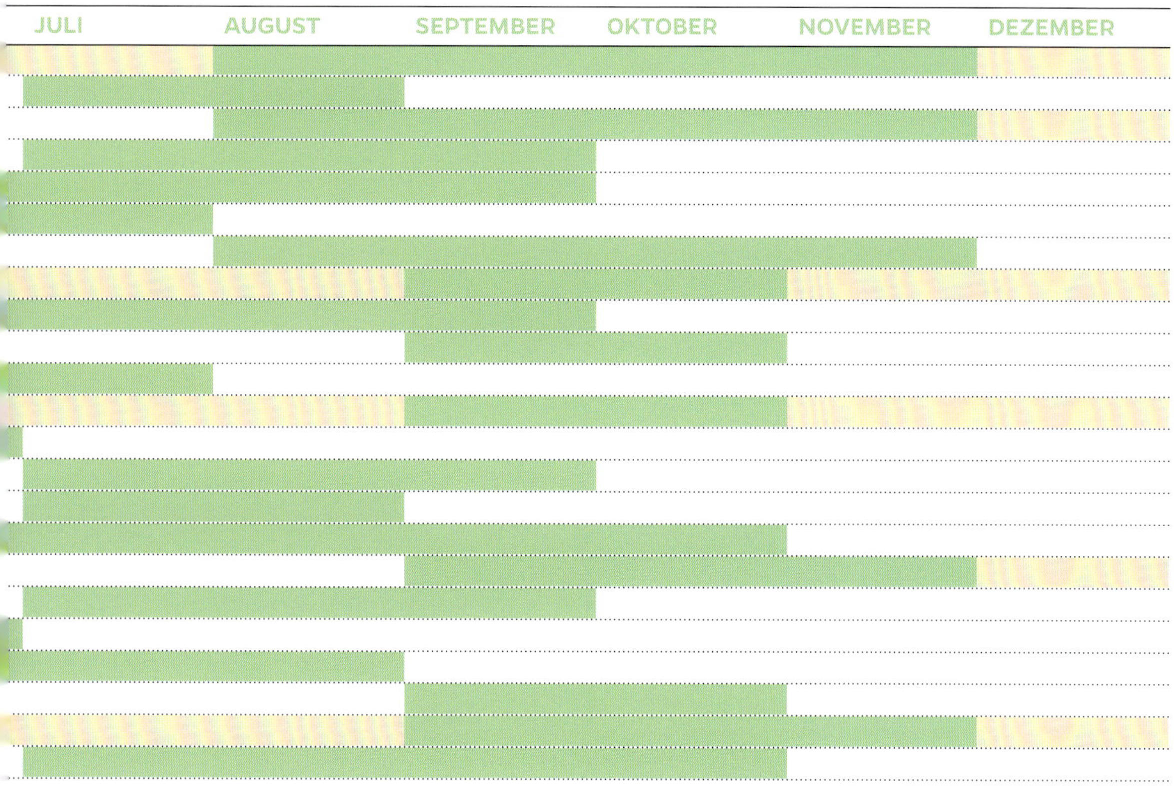

TIPP

Kaufen Sie Obst und Gemüse möglichst saisonal, denn das ist auch gut für die Umwelt. Außerhalb der Saison kann man viele Produkte konserviert oder auch mal als Tiefkühlware kaufen.

Saisonkalender: Kräuter

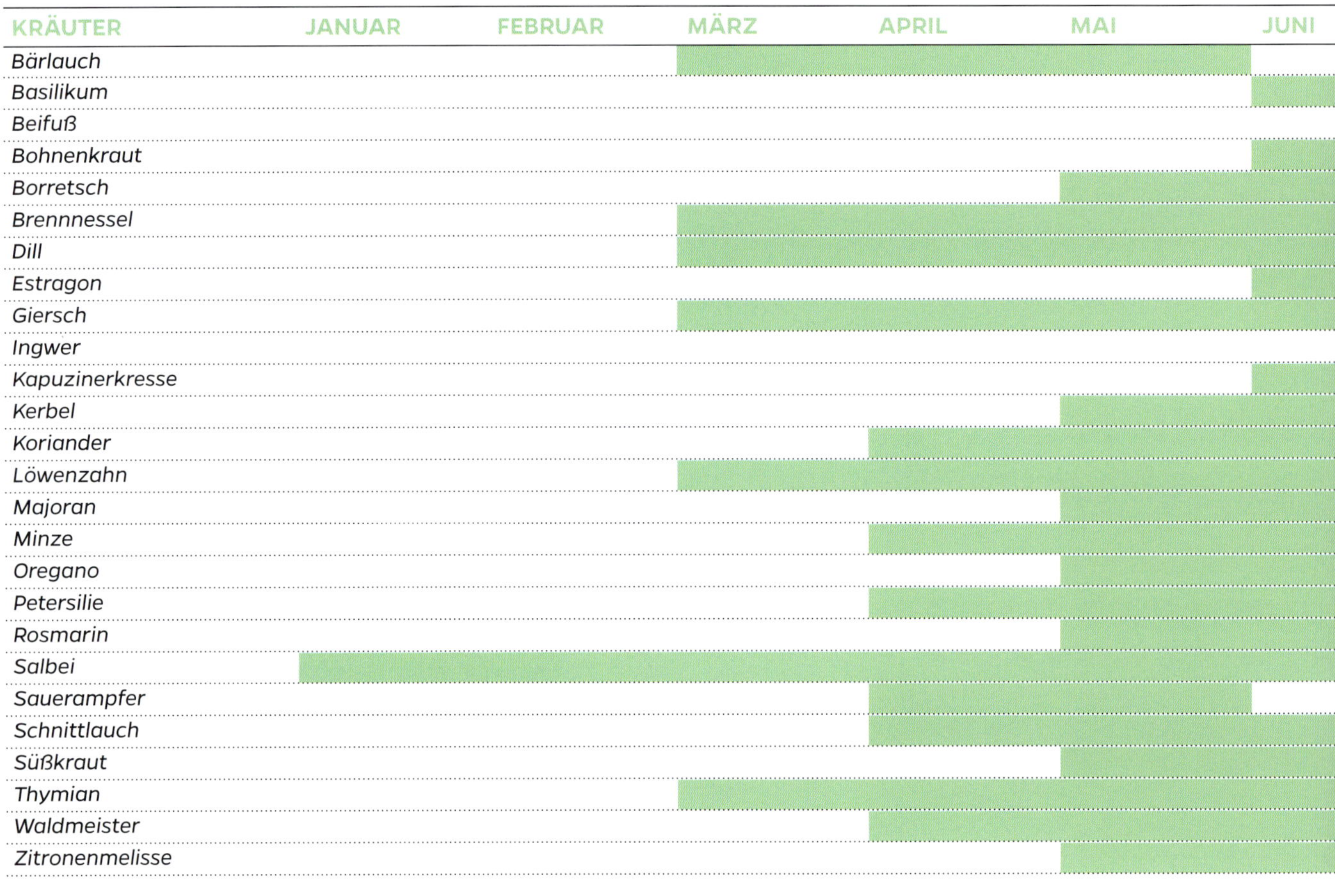

TIPP

Diese Kräuter eignen sich nicht nur für den Grill, Sie verwenden Sie fast täglich beim Kochen. Da ist es besonders praktisch, wenn Sie die duftenden Kräuter einfach selbst anpflanzen. Ein weiterer Vorteil: Frische Kräuter schmecken und riechen deutlich intensiver als getrocknete. Dafür brauchen Sie nicht mal einen Garten. Sie können Ihren Kräutergarten auch auf dem Balkon oder einem Fensterbrett anlegen.

Vorspeisen & Snacks

Bruschetta
VOM GRILL

FÜR 4 PERSONEN | CA. 200 °C | DIREKT BEI GESCHLOSSENEM DECKEL

Zutaten

- 150 g Räuchertofu
- ¼ Bund Petersilie
- 150 g Bergkäse
- 250 g Sauerrahm (Schmand)
- 250 g aufgetaute TK-Erbsen oder frische ausgepalte Erbsen
- Salz
- Pfeffer
- 600 g Baguette
- 4 EL Olivenöl

Zubereitung

Räuchertofu in feine Würfel schneiden und in eine Schüssel geben.

Petersilie waschen, trocken schütteln und hacken, Bergkäse reiben. Sauerrahm, Erbsen, 1 TL Petersilie und den Bergkäse mit in die Schüssel geben und gut verrühren. Mit Salz und Pfeffer würzen.

Das Baguette in Scheiben schneiden. Beide Seiten mit Olivenöl bestreichen und auf dem Grill von einer Seite anrösten.

Die Masse mit einem Löffel auf die angeröstete Seite der Brotscheiben streichen. Die bestrichenen Brotscheiben wieder auf den Grillrost legen und bei geschlossenem Deckel in etwa 5–10 Minuten kross grillen.

Burrata & Tomaten

MIT BASILIKUM-PESTO & HONIG

FÜR 4 PERSONEN · CA. 250 °C | DIREKT BEI GESCHLOSSENEM DECKEL

Zutaten

1 kg gemischte aromatische Tomaten

4 Burrata-Kugeln (ital. Frischkäse)

4 EL Aceto balsamico

4 EL Honig

2 TL grober Pfeffer

Salz

Für das Pesto

100 g Pinienkerne

400 g Basilikumblätter

100 g geriebener Parmesan

150 ml Pflanzenöl

50 ml Olivenöl

Salz

Außerdem

1 großer gusseiserner Topf oder 4 kleine gusseiserne Töpfe bzw. Formen

Zubereitung

Für das Pesto Pinienkerne in einer Pfanne ohne Fett kurz anrösten und anschließend etwas abkühlen lassen.

Basilikumblätter vorsichtig waschen und trocken tupfen. Mit Parmesan, Pinienkernen, Pflanzen- und Olivenöl und etwas Salz in der Küchenmaschine pürieren, bis ein cremiges Pesto entsteht.

Tomaten waschen, je nach Größe kleiner schneiden und ggf. die Stielansätze entfernen. Tomaten mit 200 g Basilikum-Pesto mischen. Das restliche Pesto luftdicht verpacken.

Die Mischung in die gusseisernen oder feuerfesten Formen geben und jeweils eine Burrata-Kugel darauflegen.

Jeweils 1 EL Aceto balsamico, 1 EL Honig, ½ TL groben Pfeffer und etwas Salz zugeben.

Die gusseisernen Töpfe auf den Grill stellen, Deckel schließen und bei 250 °C etwa 15 Minuten grillen.

TIPP

Jeweils die Hälfte Olivenöl und Pflanzenöl nehmen. Dies verhindert, dass das Pesto zu bitter wird. Sie können statt Basilikum auch getrocknete Tomaten, Bärlauch, Petersilie, Oliven etc. verwenden und so verschiedene Pesto-Sorten herstellen.

Gegrillte Wassermelone

MIT RÄUCHERTOFU

FÜR 4 PERSONEN | CA. 200 °C/120 °C | DIREKT BEI GESCHLOSSENEM UND OFFENEM DECKEL/IM SMOKER

Zutaten

1 mittelgroße Wassermelone

200 g Puderzucker

800 g Naturtofu

200 ml Austernsauce

Außerdem

Buchenholz-Chips

Zubereitung

Wassermelone schälen, vierteln und in Dreiecke schneiden. Die Wassermelonenstücke mit Puderzucker bestäuben.

Den Grill anheizen und die Wassermelonenstücke bei direkter Hitze von beiden Seiten etwa 2 Minuten grillen. Der aufgestreute Puderzucker karamellisiert dabei.

Tofu längs in dünne Scheiben schneiden und mit der Austernsauce von beiden Seiten bestreichen. Den Smoker auf 120 °C anheizen. Tofu-Scheiben in den Smoker legen und mit Buchenholz-Chips etwa 10 Minuten räuchern.

Den geräucherten Tofu auf die Wassermelonenstücke legen und sofort noch heiß servieren.

TIPP

Dazu schmeckt ein frischer Rucolasalat.

Weinbergpfirsiche
MIT ZIEGENKÄSEFÜLLUNG

FÜR 4 PERSONEN | CA. 200 °C | INDIREKT BEI GESCHLOSSENEM DECKEL

Zutaten

Für die Füllung

50 g Sonnenblumenkerne

1 Zweig Rosmarin

1 Zweig Thymian

200 g Ziegenfrischkäse

1 Eigelb (Größe M)

½ EL Honig

Chilipulver

Salz

Außerdem

8 Weinbergpfirsiche

Zubereitung

Für die Füllung Sonnenblumenkerne hacken. Rosmarin und Thymian waschen, trocken schütteln und hacken. Ziegenkäse mit Eigelb, Sonnenblumenkernen, ½ EL Rosmarin, ½ EL Thymian, Honig, Chilipulver und etwas Salz vermischen.

Pfirsiche waschen und trocken tupfen, halbieren und entsteinen. Das Fruchtfleisch in der Mitte etwas tiefer in die Pfirsichhälften drücken, um die Mulden zu vertiefen. Jeweils etwas von der Füllung in die Mulden der Pfirsichhälften setzen.

Den Grill auf etwa 200 °C anfeuern, die Pfirsiche mit der Haut nach unten auf den Grillrost legen und möglichst den Deckel schließen. Die Pfirsiche weich grillen.

TIPP

Dazu frisches Brot und einen Salat Ihrer Wahl servieren.

Gefüllte Gurkenschiffchen

MIT HÜTTENKÄSE & FRÜHLINGSZWIEBELN

FÜR 4 PERSONEN | CA. 200 °C | INDIREKT BEI GESCHLOSSENEM DECKEL

Zutaten

- 2 Schlangengurken
- 3 Frühlingszwiebeln (mit Grün)
- ½ Chilischote
- 400 g Hüttenkäse
- 1 EL Aceto balsamico bianco
- 1 EL Olivenöl
- 1 EL Honig
- ½ TL Salz
- Pfeffer

Zubereitung

Gurken schälen, die Enden abschneiden. Gurken längs halbieren und die Kerne mit einem Löffel herauskratzen. Frühlingszwiebeln putzen, waschen und in feine Ringe schneiden. Chilischote halbieren und eine Hälfte fein hacken.

Hüttenkäse mit Frühlingszwiebeln, Aceto balsamico, Olivenöl, Honig, Salz, Chilischote und einer Prise Pfeffer in einer Schüssel vermengen.

Die Gurkenhälften mit der Hüttenkäse-Mischung füllen. Den Grill auf etwa 200 °C anheizen und die Gurken bei geschlossenem Deckel indirekt etwa 10–15 Minuten grillen.

TIPP

Die Gurkenschiffchen mit frischen Dillspitzen anrichten und dazu Baguette servieren.

Gegrillte Pilze

AM SPIESS

FÜR 4 PERSONEN | CA. 200 °C | DIREKT BEI OFFENEM DECKEL

Zutaten

1 Zweig Rosmarin
1 Zweig Thymian
1 Knoblauchzehe
4 EL Olivenöl
Salz
grober Pfeffer
12 Champignons
16 große Pfifferlinge
4 Kräuterseitlinge

Außerdem

Holzspieße

Zubereitung

Holzspieße in Wasser legen und darin weichen lassen, damit verhindert man, dass sie anbrennen.

Rosmarin und Thymian waschen, trocken schütteln und hacken. Knoblauch schälen und hacken. Olivenöl mit je 1 TL Rosmarin und Thymian, ½ TL Knoblauch, etwas Salz und grobem Pfeffer verrühren. Die Pilze gründlich putzen und abbürsten, ggf. vorsichtig waschen und trocken tupfen.

Pilze mit der Marinade bestreichen. Holzspieße aus dem Wasser nehmen und die Pilze abwechselnd auf die Spieße stecken. Pilzspieße bei etwa 200 °C direkt von allen Seiten gar grillen. Das dauert etwa 10 Minuten.

TIPP

Dazu schmeckt besonders ein Quark mit 7 Kräutern (siehe S. 158).

Gefüllte Champignons

MIT FRISCHKÄSE

FÜR 4 PERSONEN | CA. 200 °C | DIREKT BEI OFFENEM ODER GESCHLOSSENEM DECKEL

Zutaten

16 große Champignons
4 EL Olivenöl
Salz
1 Zweig Rosmarin
1 Zweig Thymian
1 Knoblauchzehe
350 g Frischkäse (natur)
grober Pfeffer

Zubereitung

Champignons gründlich putzen, abbürsten und ggf. vorsichtig waschen und trocken tupfen. Die Stiele herausdrehen. Die Köpfe mit Olivenöl bestreichen und die Innenseite salzen.

Rosmarin und Thymian waschen, trocken schütteln und hacken. Knoblauch schälen und hacken. Frischkäse mit je 1 TL Rosmarin und Thymian, ½ TL Knoblauch, etwas grobem Pfeffer und Salz verrühren. Die Champignonköpfe mit der Frischkäsemasse füllen.

Champignonköpfe bei direkter Hitze bei etwa 200 °C direkt auf dem Rost gar grillen. Das dauert etwa 15 Minuten.

TIPP

Bei den Kräutern können Sie natürlich ganz nach Geschmack variieren. Einige Spritzer Zitronensaft geben zusätzliche Frische.

Warme Bruschetta

MIT APFEL, MEERRETTICH & KNOLLENSELLERIE

FÜR 4 PERSONEN CA. 200 °C | DIREKT BEI GESCHLOSSENEM UND OFFENEM DECKEL

Zutaten

600 g Baguette

1/4 Knollensellerie

3 Äpfel

150 g Sahnemeerrettich

150 g Crème fraîche

4 EL Olivenöl

Salz

Pfeffer

Zubereitung

Baguette in Scheiben schneiden. Knollensellerie schälen und fein raspeln. Äpfel schälen, entkernen und ebenfalls fein raspeln.

Geraspelten Knollensellerie mit geraspelten Äpfeln, Sahnemeerrettich und Crème fraîche verrühren und mit Salz und Pfeffer abschmecken.

Brotscheiben von beiden Seiten mit Olivenöl bestreichen und auf dem Grill von einer Seite anrösten. Sellerie-Apfel-Meerrettich-Masse mit einem Löffel auf die angeröstete Seite der Brotscheiben streichen. Die bestrichenen Brotscheiben wieder auf den Grillrost legen und bei geschlossenem Deckel in etwa 10 Minuten kross grillen.

TIPP
Die warme Bruschetta schmeckt auch gut mit Zwiebelbaguette.

Hefeteigschnecken
MIT SAUERKRAUT

FÜR 4 PERSONEN | CA. 200 °C | INDIREKT BEI GESCHLOSSENEM DECKEL AUF DEM SCHAMOTTSTEIN

Zutaten

Für den Teig

½ Würfel Hefe (21 g)

1 Prise Zucker

300 g Weizenmehl

1 TL Salz

1 Ei (Größe M)

6 EL Olivenöl

Für die Füllung

1 Zweig Thymian

200 g Magerquark

250 g Sauerkraut (aus der Dose)

2 Eier (Größe M)

Salz

Pfeffer

Kümmel

Außerdem

1 Schamottstein oder Backpapier

Zubereitung

Für den Teig die Hefe mit Zucker in 125 ml Wasser auflösen und 15 Minuten zugedeckt bei Zimmertemperatur gehen lassen.

Mehl, Salz, Ei und Olivenöl mit dem Hefeansatz verkneten, bis der Teig nicht mehr klebt. Je nach Konsistenz evtl. mehr Mehl dazugeben. Den Teig 60 Minuten zugedeckt bei Zimmertemperatur gehen lassen.

Für die Füllung Thymian waschen, trocken schütteln und hacken. Quark mit Sauerkraut, 1 Ei und etwa 1 TL gehacktem Thymian vermengen und mit Salz, Pfeffer und Kümmel abschmecken.

Den Grill auf etwa 200 °C anheizen. Teig auf leicht bemehlter Arbeitsfläche ausrollen und mit der Quark-Sauerkraut-Masse bestreichen, am Teigrand 2 cm aussparen. Das restliche Ei verquirlen und die Teigränder damit bestreichen.

Teig fest aufrollen und mit einem scharfen Messer in 20 Scheiben schneiden. Die Schnecken bei geschlossenem Deckel auf dem heißen Schamottstein oder auf Backpapier etwa 30 Minuten backen.

Topinambursuppe

MIT GLÜHWEIN & ORANGE

FÜR 4 PERSONEN | CA. 200 °C | DIREKT BEI GESCHLOSSENEM ODER OFFENEM DECKEL

Zutaten

400 g Topinambur
Salz
1 Knoblauchzehe
neutrales Pflanzenöl
800 ml Gemüsebrühe
Abrieb von 1 Bio-Orange
1 TL Puderzucker
50 ml Glühwein
Mark von ½ Vanilleschote
1 Msp. gemahlener Zimt
200 g Sahne
20 g kalte Butter
Pfeffer
1 Msp. Chiliflocken

Außerdem

1 Grillmatte

Zubereitung

Den Grill auf direkte Hitze vorbereiten. Den Topinambur gründlich waschen, mit der Schale in 1 cm dicke Scheiben schneiden und in leicht gesalzenem Wasser weich kochen. Danach abgießen und etwas ausdampfen lassen. Den Knoblauch in dünne Scheiben schneiden, mit ein wenig Pflanzenöl bepinseln und auf einer Grillmatte anrösten, bis er ganz leicht bräunt. Auf Küchenpapier legen und bereithalten.

Die gekochten Topinamburscheiben auf die Grillmatte legen, mit etwas Öl bepinseln und kurz anrösten. Wieder vom Grill nehmen und in einen Standmixer geben, mit warmer Gemüsebrühe auffüllen, 1 TL abgeriebene Orangenschale, Puderzucker, Glühwein, Vanille, Zimt sowie Sahne hinzufügen und alles fein aufmixen.

Die Suppe in einen Topf geben und kurz aufkochen. Vom Feuer nehmen, Butter zufügen und schmelzen lassen. Mit etwas Salz und Pfeffer abschmecken. Zum Servieren mit den Knoblauchchips und Chiliflocken toppen.

Pecorino

MIT BIRNEN-INGWER-CHUTNEY

FÜR 4 PERSONEN | CA. 250 °C | DIREKT BEI OFFENEM DECKEL

Zutaten

Für das Chutney

500 g mittelfeste Birnen

1 Bio-Zitrone

15 g frischer Ingwer

50 g Zucker

100 ml Apfelessig

50 g Honig

2 Zweige Thymian

1 kleiner Zweig Rosmarin

1 Msp. Piment d'Espelette (alternativ Chiliflocken)

Salz

Für den Pecorino

4 Scheiben Pecorino (jeweils 1 cm dick)

Zubereitung

Für das Chutney die Birnen schälen, halbieren, das Kerngehäuse entfernen und in kleine Würfel schneiden. Die Zitrone heiß waschen, abtrocknen, die Schale abreiben und den Saft auspressen. 1 TL Zitronenabrieb und den -saft zu den Birnenwürfeln geben. Ingwer (mit Schale) fein reiben und ebenfalls zu den Birnen geben.

Den Zucker in einem Topf schmelzen, bis er leicht bräunt. Mit dem Apfelessig ablöschen, den Honig zufügen und alles bis zum Siedepunkt erhitzen. Die Birnen-Mischung und die restlichen Zutaten zufügen. Die Hitze reduzieren und das Chutney ca. 30 Minuten leicht einköcheln lassen. Am Ende mit Salz abschmecken, die Kräuterstängel wieder herausnehmen und das Chutney in Gläser abfüllen. Abkühlen lassen.

Den Grill auf direkte, hohe Hitze vorbereiten. Die Käsescheiben von beiden Seiten ca. 2 Minuten direkt auf dem Rost oder in einer Grillschale grillen, bis sich Röstspuren abzeichnen. Anschließend sofort mit dem Chutney servieren und genießen.

Cheese-Sandwich
MIT WALDPILZEN

FÜR 4 PERSONEN 200 °C | INDIREKT BEI OFFENEM DECKEL

Zutaten

500 g Waldpilze (alternativ Kräuterseitlinge)

Salz

neutrales Pflanzenöl

2 TL Zitronensaft

8 Scheiben frisches Weißbrot (alternativ Ciabatta)

50 g weiche Butter

200 g Gruyère (alternativ Bergkäse)

1 Zwiebel

2 Stängel glatte Petersilie

Pfeffer

Außerdem

Trüffelöl

Zubereitung

Die Pilze putzen und längs in nicht zu dünne Scheiben schneiden, leicht salzen und mit etwas Öl und Zitronensaft beträufeln. Durchmischen und abgedeckt ca. 30 Minuten ziehen lassen.

Den Grill auf 200 °C indirekte Hitze vorbereiten.

Die Weißbrotscheiben großzügig von beiden Seiten mit der weichen Butter bestreichen. Den Käse reiben. Die Zwiebel schälen und in Ringe schneiden. Die Petersilie waschen, trocken schütteln, die Blätter abzupfen und grob hacken. Mit dem Käse vermischen und anschließend auf 4 Brotscheiben verteilen.

Die Pilzscheiben und Zwiebelringe jeweils 1–2 Minuten von beiden Seiten angrillen. Auf die mit Käse bedeckten Brotscheiben verteilen und mit etwas Trüffelöl beträufeln. Mit den 4 übrigen Brotscheiben zusammenklappen.

Die Sandwiches auf den Grill legen und beide Seiten etwa 4 Minuten grillen. Zum Servieren die Sandwiches diagonal zerteilen und mit etwas Pfeffer bestreuen.

Salate

Grillsalat

MIT FENCHEL, TOMATEN & ZUCCHINI

FÜR 4 PERSONEN · CA. 200 °C | DIREKT/INDIREKT BEI GESCHLOSSENEM UND OFFENEM DECKEL

Zutaten

1 Knoblauchzehe
1 Chilischote
1 Zweig Thymian
2 EL Currypulver
Salz
6 EL Olivenöl
3 Fenchelknollen
2 gelbe Zucchini
10 Kirschtomaten
Aceto balsamico bianco
Petersilie

Zubereitung

Die Knoblauchzehe schälen und hacken, die Chilischote waschen, entkernen und hacken. Thymian waschen, trocken schütteln und hacken.

1 TL Knoblauchstückchen, 1 EL Thymian, ½ TL gehackte Chilischote, und Currypulver mit etwas Salz und dem Olivenöl in einer Schüssel verrühren. Fenchelknollen, Zucchini und Tomaten waschen. Fenchel in den Ecken jeweils einschneiden. Die Enden der Zucchini abschneiden und die Zucchini in grobe Stücke schneiden. Stielansätze der Kirschtomaten entfernen.

Das Gemüse in eine große Schüssel geben und mit dem Curry-Olivenöl gründlich marinieren.

Den Grill auf etwa 200 °C anheizen und Zucchinistücke und Fenchel bei direkter Hitze auf dem Rost grillen, bis das Gemüse Farbe bekommt. Dann auf die indirekte Seite legen, die Kirschtomaten dazulegen und bei geschlossenem Deckel gar grillen. Das dauert etwa 5–10 Minuten.

Petersilie waschen, hacken und Salat damit garnieren.

Das Gemüse vom Grill nehmen und in eine große Schüssel geben, mit etwas Aceto balsamico und frischer Petersilie abschmecken, warm servieren.

TIPP

Dazu passt besonders der Kreuzkümmel-Dip mit Curry (siehe S. 138) oder ein frischer Joghurt-Dip mit Minze.

Brotsalat

MIT MINZE

FÜR 4 PERSONEN · CA. 200 °C | INDIREKT BEI OFFENEM DECKEL

Zutaten

600 g Fladenbrot (vom Vortag)

12 EL Olivenöl

4 Frühlingszwiebeln

1 große Salatgurke

1 große Zucchini

2 Paprikaschoten

400 g aromatische Tomaten

1 Bund Minze

einige Petersilienstängel

4 Knoblauchzehen

Saft von 2 Zitronen

Salz

Pfeffer

Außerdem

2 kräftige Prisen Sumach-Gewürz

2 Handvoll Portulak oder Blattsalat in Streifen geschnitten

Zubereitung

Das Fladenbrot in mundgerechte Stücke schneiden. Die Hälfte des Olivenöls in einer beschichteten Pfanne erhitzen und darin die Brotstücke von allen Seiten 2–3 Minuten rösten oder in einer Grillschale auf dem heißen Grill grillen.

Für den Salat die Frühlingszwiebeln putzen, waschen und fein hacken. Sämtliches Gemüse waschen. Die Salatgurke längs halbieren, mit einem Löffel die Kerne herauskratzen und quer in dünne Streifen schneiden. Die Zucchini längs vierteln und quer in dünne Stücke schneiden. Die Paprikaschoten halbieren, entkernen, Stielansätze entfernen und in kleine Würfel schneiden. Die Tomaten vierteln, entkernen und klein würfeln.

Minze (etwas für die Deko zurückhalten) und Petersilie waschen, trocken schütteln, die Blättchen abzupfen und fein hacken. Die Knoblauchzehen schälen und durch die Knoblauchpresse zum restlichen Olivenöl pressen. Die Kräuter sowie den Zitronensaft unterrühren. Mit Salz, Pfeffer und nach Geschmack mit Sumach würzen. Alle vorbereiteten Zutaten, nach Belieben auch den grünen Salat, in einer Schüssel locker vermengen. Falls gewünscht, mit etwas zusätzlicher Minze garnieren.

TIPP

Der fruchtig-säuerliche Geschmack der getrockneten Steinfrüchte der Sumachpflanze wird in der orientalischen Küche für Marinaden und Saucen benutzt.

Antipasti-Salat

FÜR 4 PERSONEN | CA. 200 °C | DIREKT BEI GESCHLOSSENEM ODER OFFENEM DECKEL

Zutaten

Für das Gemüse

2 rote Paprika

2 Zucchini

2 rote Zwiebeln

2 Fenchelknollen

Für die Marinade

1 Zweig Rosmarin

1 Zweig Thymian

1 Knoblauchzehe

1 Chilischote

300 ml Olivenöl

100 ml Aceto balsamico

Salz

Zucker

Zubereitung

Für das Gemüse Paprika halbieren, entkernen, Trennwände entfernen, waschen und in grobe Stücke schneiden. Zucchini waschen, die Enden abschneiden und Zucchini ebenfalls in grobe Stücke schneiden. Zwiebeln schälen und grob zerkleinern. Fenchel putzen, waschen und in grobe Stücke schneiden.

Für die Marinade Rosmarin und Thymian waschen, trocken schütteln und hacken. Knoblauchzehe schälen und hacken. Chilischote waschen, entkernen und hacken. Olivenöl, Aceto balsamico, 1 EL Rosmarin, 1 EL Thymian, ½ EL Knoblauch, ½ TL Chilischote, etwas Salz und Zucker zu einer Marinade verrühren. Das Gemüse mit der Marinade mischen und 1 Stunde marinieren.

Den Grill auf etwa 200 °C anheizen, das Gemüse bei direkter Hitze in 5–10 Minuten auf dem Rost knackig grillen und dann servieren.

TIPP

Dazu passt z. B. der Quark mit 7 Kräutern (siehe S. 158) oder der Kreuzkümmel-Dip mit Curry (siehe S. 138).

Nudelsalat

MIT GRÜNEM GRILL-SPARGEL

FÜR 4 PERSONEN | CA. 200 °C | INDIREKT BEI GESCHLOSSENEM ODER OFFENEM DECKEL

Zutaten

- 600 g grüner Spargel
- 150 ml Olivenöl
- Salz
- Pfeffer
- 400 g Hartweizennudeln (z. B. Penne rigate)
- 2 Bund Basilikum
- 2 Knoblauchzehen
- 75 g Pinienkerne
- 75 g Pecorino-Käse

Zubereitung

Den Spargel waschen, die Enden kürzen und in etwa 3 cm lange Stücke schneiden. Die Spargelstücke in einer Grillschale mit 1 EL Olivenöl vermengen und mit Salz und Pfeffer würzen. Auf dem heißen Grill in der Schale etwa 10 Minuten grillen, je nach gewünschter Bissfestigkeit.

Die Nudeln in kochendes Salzwasser geben und in etwa 12 Minuten, je nach Packungsangabe, bissfest garen. Inzwischen das Basilikum waschen, trocken schütteln, die Blättchen abzupfen (etwas für die Deko zurückhalten) und klein schneiden. Die Knoblauchzehen schälen und klein schneiden.

Den Spargel vom Grill nehmen. Die Nudeln in ein Sieb abgießen, mit kaltem Wasser abschrecken und im Sieb mit etwas Olivenöl vermengen, damit sie nicht verkleben. Die Pinienkerne grob hacken und den Käse in kleine Stücke schneiden.

In einem Standmixer Knoblauch, Pinienkerne, Käse und Basilikum mit dem restlichen Olivenöl pürieren. Zusammen mit den Nudeln sowie den Spargelstücken in einer Schüssel locker vermengen. Mit Folie abdecken und vor dem Servieren bei Zimmertemperatur durchziehen lassen. Nach Belieben mit Basilikumblättern garnieren.

TIPP

Falls es schnell gehen muss, einfach fertiges Pesto verwenden. Veganisiert wird dieses Rezept ganz unkompliziert, indem der Käse weggelassen wird.

Herbstlicher Salat

MIT KÜRBIS & PILZEN

FÜR 4 PERSONEN | 200 °C | DIREKT BEI OFFENEM DECKEL

Zutaten

250 g gemischter Salat, z. B. Rucola, Lollo rosso, Eichblatt, Friséesalat

je 100 g Champignons und Austernpilze

8 Pflaumen

je 50 g helle und dunkle Weintrauben

2 EL Aceto balsamico rosso

Rapsöl

Pfeffer

4 dickere Scheiben Parisienne-Brot oder Baguette

200 g Hokkaido-Kürbis

1 Zitrone

1 Handvoll Walnusskerne

Rauchsalz

Für das Salatdressing

1 EL Kürbiskernöl

3 EL Obstessig

7 EL Traubenkernöl

1 TL Zucker

Salz – Pfeffer

Außerdem

1 Grillplatte

Zubereitung

Den Grill mit Grillplatte auf 200 °C Hitze vorbereiten. Salat verlesen, waschen und trocken schleudern. Für das Dressing alle Zutaten miteinander verrühren.

Champignons und Austernpilze gründlich putzen und etwas kleiner schneiden. Pflaumen und Weintrauben waschen und trocken tupfen, Pflaumen entsteinen und kleiner schneiden, Weintrauben ebenfalls teilen. Pilze, Pflaumen und Trauben mit Aceto balsamico und etwas Rapsöl marinieren, leicht pfeffern.

Das Weißbrot in Würfel schneiden, mit etwas Rapsöl beträufeln. Kürbis gründlich waschen, mit Schale in dünne Scheiben schneiden, Kerne und Innenfasern entfernen. Kürbisscheiben mit Rapsöl bestreichen. Die Zitrone in Scheiben schneiden, ebenso wie die Walnüsse bereitstellen.

Champignons, Austernpilze, Pflaumen, Weintrauben, Brot, Kürbis, Zitrone und Walnüsse mit etwas Abstand auf die heiße Grillplatte geben und für wenige Minuten scharf grillen, zum Ende hin alles mit etwas Rauchsalz würzen.

Den frischen Salat mit dem Dressing marinieren, auf Teller verteilen und mit den gegrillten Zutaten anrichten.

TIPP

Wer mag, gibt noch einige Würfel Blauschimmelkäse über den Salat.

Pizza, Burger & Co.

Flammkuchen

MIT BÄRLAUCH-PESTO, RADIESCHEN & FETA

FÜR 4 PERSONEN 250 °C | DIREKT BEI GESCHLOSSENEM DECKEL AUF DEM SCHAMOTTSTEIN

Zutaten

Für das Pesto

100 g Pinienkerne

400 g Bärlauch

100 g geriebener Parmesan

150 ml Pflanzenöl

50 ml Olivenöl

Salz

Für den Flammkuchen

2 Rollen Flammkuchenteig (aus dem Kühlregal, je 260 g)

200 g Radieschen

½ Bund Frühlingszwiebeln

250 g Crème fraîche

Salz

150 g Feta

grober Pfeffer

Außerdem

1 Schamottstein

Zubereitung

Den Grill mit Schamottstein auf 250 °C vorheizen.

Für das Pesto Pinienkerne in einer Pfanne ohne Fett kurz anrösten und anschließend etwas abkühlen lassen.

Bärlauchblätter vorsichtig waschen und trocken tupfen. Mit Parmesan, Pinienkernen, Pflanzen- und Olivenöl und etwas Salz in der Küchenmaschine pürieren, bis ein cremiges Pesto entsteht.

Den Flammkuchenteig jeweils ausbreiten. Radieschen waschen und putzen, anschließend in dünne Scheiben schneiden oder hobeln. Frühlingszwiebeln waschen, trocken tupfen und in dünne Ringe schneiden.

Crème fraîche mit etwas Salz verrühren und den Flammkuchenteig damit bestreichen. Bärlauch-Pesto darauf verteilen, dann mit Frühlingszwiebeln belegen. Feta zerbröckeln und ebenfalls darauflegen. Mit Pfeffer bestreuen.

Flammkuchen auf den Schamottstein legen und bei geschlossenem Deckel in etwa 5–10 Minuten knusprig backen. Später die gehobelten Radieschen darauf verteilen.

TIPP

Schamottsteine gibt es sehr günstig im Baumarkt und die Anschaffung lohnt sich! Achten Sie aber darauf, dass der Stein lebensmittelecht ist.

Spargelpizza
VOM GRILL

FÜR 4 PERSONEN | 250 °C | INDIREKT/DIREKT BEI GESCHLOSSENEM DECKEL AUF DEM SCHAMOTTSTEIN

Zutaten

Für den Teig

21 g frische Hefe (½ Würfel)

½ TL Zucker

½ TL Salz

300 g Weizenmehl

6 EL Olivenöl

Für den Belag

400 g Tomaten

200 g grüner Spargel

50 g rote Zwiebeln

1 Zweig Rosmarin

100 g Parmesan

½ TL Salz

Pfeffer

Zucker

100 g Crème fraîche

Außerdem

1 Schamottstein

Zubereitung

Für den Teig Hefe mit 125 ml lauwarmem Wasser und Zucker in einer Schüssel verrühren und 5 Minuten ruhen lassen.

Salz, Weizenmehl und Olivenöl zum Vorteig geben und die Zutaten mit dem Handrührgerät (Knethaken) oder mit der Küchenmaschine zu einem geschmeidigen Teig vermengen. Evtl. etwas mehr Mehl unterarbeiten. Den Teig mit einem Küchentuch abdecken und an einem warmen Ort 60 Minuten gehen lassen, bis er sein Volumen vergrößert hat.

Für den Belag Tomaten waschen, trocken tupfen und grob würfeln. Ggf. Stielansätze entfernen. Spargel im unteren Drittel schälen, holzige Enden abschneiden. Spargel waschen, trocken tupfen und quer in fingerdicke Stücke schneiden. Zwiebel(n) schälen, in Scheiben schneiden, dann in Ringe teilen. Rosmarin waschen, trocken schütteln und hacken. Parmesan reiben.

Tomaten mit Salz, je 1 Prise Pfeffer und Zucker grob vermengen. Den Hefeteig, mit etwas Mehl bestaubt, ausrollen. Die Tomatenmasse darauf verstreichen. Spargelstücke und Zwiebelringe darauflegen. Crème fraîche kleckweise daraufgeben, mit ½ TL Rosmarin und Parmesan bestreuen.

Den Schamottstein auf den Grillrost legen und den Grill auf 250 °C aufheizen. Die Pizza auf den Stein legen und etwa 20 Minuten backen.

GEGRILLTER

Zwiebelkuchen

FÜR 1 TARTE (Ø 26 CM) | CA. 200 °C | INDIREKT BEI GESCHLOSSENEM DECKEL

Zutaten

Für den Teig

½ Würfel Hefe (21 g)

1 TL Zucker

200 g Dinkelmehl

Salz

Für die Füllung

500 g Zwiebeln

1 Handvoll Petersilie

4 EL Pflanzenöl

4 Eier (Größe M)

200 g saure Sahne

1 TL Kümmel

½ TL Salz

Außerdem

1 feuerfeste Tarteform (Ø 26 cm)

Butter für die Form

Zubereitung

Für den Teig Hefe mit 100 ml lauwarmem Wasser und Zucker verrühren und 5 Minuten ruhen lassen. Dinkelmehl und Salz hinzufügen und alles zu einem geschmeidigen Teig verkneten, je nach Konsistenz evtl. etwas mehr Mehl dazugeben. Den Teig mit einem Küchentuch abdecken und an einem warmen Ort 60 Minuten gehen lassen.

In der Zwischenzeit die Füllung zubereiten. Dafür Zwiebeln schälen und in Würfel schneiden. Petersilie waschen, trocken schütteln und hacken. Öl in einer Pfanne erhitzen und die Zwiebelwürfel darin anschwitzen, aber nicht bräunen. Eier mit saurer Sahne, Kümmel, Salz und 1 EL gehackter Petersilie verrühren.

Die Backform mit Butter einfetten und den Hefeteig darin ausbreiten. Die angeschwitzten Zwiebeln auf dem Hefeteig verteilen und die Eiermasse daraufgeben.

Den Zwiebelkuchen bei indirekter Hitze und geschlossenem Deckel bei 200 °C etwa 50 Minuten backen.

Kleine Süßkartoffelpizzen

MIT KICHERERBSEN

FÜR 4 PERSONEN | CA. 180 °C | INDIREKT BEI OFFENEM DECKEL

Zutaten

Für die Kichererbsen

1 große Dose Kichererbsen (440 g)

1 TL Knoblauchgranulat

1 EL Olivenöl

1 TL Salz

½ TL geräuchertes Paprikapulver

½ TL gemahlener Zimt

Für den Dip

200 g saure Sahne

2 Msp. geräuchertes Paprikapulver

1 Prise Piment d'Espelette

Salz

Pfeffer

Für die Süßkartoffeln

1 kg Süßkartoffeln

80 ml Rapsöl

Rauchsalz

Außerdem

etwas Koriandergrün

Zubereitung

Den Grill auf 180 °C indirekte Hitze vorbereiten.

Kichererbsen in ein Sieb geben, abspülen und abtropfen lassen. Die abgetropften Kichererbsen mit Knoblauchgranulat und Olivenöl mischen. Salz, geräuchertes Paprikapulver und Zimt zufügen, alles vermengen und in eine größere Reine oder Auflaufform geben. Kichererbsen etwa 1 Stunde im Grill rösten, zwischendurch etwas bewegen.

Für den Dip inzwischen saure Sahne, geräuchertes Paprikapulver und Piment d'Espelette verrühren, mit Salz und Pfeffer abschmecken und ziehen lassen.

Süßkartoffeln waschen und trocken tupfen, mit Schale in 0,5 cm dicke Scheiben schneiden, mit Rapsöl bestreichen und mit Rauchsalz würzen, dann im indirekten Bereich des Grills etwa 7 Minuten von beiden Seiten grillen, zwischendrin testen, ob sie gar sind.

Die fertig gegrillten Süßkartoffelscheiben mit den knackigen Kichererbsen und dem Dip servieren, mit Koriandergrün garnieren und genießen.

Veggie-Burger

MIT DREIFACH KÄSE

FÜR 4 PERSONEN | 180 °C | DIREKT BEI OFFENEM DECKEL/KONTAKTGRILL

Zutaten

Für die Sauce

200 g Cheddar

2 EL Mayonnaise

50 ml Milch

1 TL Ahornsirup

½ TL edelsüßes Paprikapulver

Für die Patties

200 g Grillkäse, z. B. Halloumi

200 g Kidneybohnen (aus der Dose)

4 EL Panko oder Paniermehl

1 TL geräuchertes Paprikapulver

1 Ei (Größe M)

Salz – Pfeffer

Für die Garnitur

100 g Pflücksalat

2 große rote Paprika

100 g Austernpilze

etwas Rapsöl

Salz – Pfeffer

4 Scheiben Schmelzkäse

4 helle Burger Buns

Zubereitung

Für die Sauce den Cheddar reiben, mit den anderen Zutaten in eine Metallschüssel füllen und im heißen Wasserbad erhitzen, mit dem Schneebesen glatt rühren.

Für die Patties den Grillkäse reiben, Kidneybohnen in ein Sieb geben, gut abspülen und abtropfen lassen. Anschließend in eine Schüssel füllen und mit der Gabel fein zerdrücken. Grillkäse und restliche Zutaten hinzufügen und zu einer homogenen Masse vermengen. Mit Salz und Pfeffer abschmecken und 4 Burger-Patties formen.

Den Grill auf 180 °C direkte Hitze vorbereiten.

Salat verlesen, waschen und trocken schleudern. Paprika achteln, entkernen und Trennwände entfernen, waschen und leicht flach drücken. Austernpilze putzen und nach Bedarf klein schneiden. Paprika und Pilze mit etwas Rapsöl marinieren, salzen und pfeffern und in einer Grillschale einige Minuten grillen.

Die Burger-Patties je 4–5 Minuten von beiden Seiten mitgrillen, in der letzten Minute den Schmelzkäse auf die Patties legen, die halbierten Burger-Brötchen ebenfalls mit anrösten.

Die Cheddar-Sauce auf den Brötchen-Hälften verteilen, mit Grillgemüse, Salat und den Patties aufschichten.

KÄSIGE

Quesadillas

FÜR 4 PERSONEN — 200 °C | DIREKT BEI GESCHLOSSENEM/OFFENEM DECKEL/KONTAKTGRILL

Zutaten

Für das Gemüse

1 gelbe Paprikaschote

1 Chilischote

2 Frühlingszwiebeln

1 kleines Bund grüner Thai-Spargel

1 Handvoll frischer Spinat

1 Schuss Olivenöl

Salz — Pfeffer

Für die Saure-Sahne-Käse-Mischung

200 g saure Sahne

200g geriebener Käse, z. B. Gouda oder Mozzarella

1 TL gemahlener Koriander

1 TL gemahlener Kreuzkümmel

Für die Guacamole

2 Avocados

1 EL Limettensaft

1 kleines Bund Koriander

Salz — Pfeffer

Außerdem

4 Tortilla-Fladen

1 Grillplatte

Zubereitung

Den Grill auf 200 °C direkte Hitze vorbereiten.

Paprika halbieren, entkernen, Trennhäute entfernen, waschen und in kleine Stücke schneiden. Chilischote klein schneiden, Frühlingszwiebeln putzen, Spargel waschen und beides klein schneiden. Spinat waschen, trocken tupfen und grob zerkleinern. Alles mit etwas Olivenöl, Salz und Pfeffer marinieren. Anschließend in einer Grillschale anrösten.

Für die Saure-Sahne-Käse-Mischung saure Sahne und geriebenen Käse mischen, gemahlenen Koriander und Kreuzkümmel zufügen, mit Salz und Pfeffer abschmecken.

Für die Guacamole das Fruchtfleisch der Avocados auslösen, zerdrücken oder kurz pürieren, mit dem Limettensaft verrühren. Koriander waschen, trocken schütteln, Blätter abzupfen und fein schneiden. Zur Avocado geben und zu einer Guacamole verrühren. Mit Salz und Pfeffer abschmecken.

Tortilla-Fladen jeweils mit der Saure-Sahne-Käse-Mischung und der Guacamole bestreichen, das gegrillte Gemüse darauf verteilen, zusammenklappen und mit etwas Öl bestreichen. Anschließend bei leicht reduzierter Hitze auf dem Grill platzieren und etwa 4 Minuten von beiden Seiten grillen. Zum Servieren in Viertel zerteilen.

TIPP

Die Auswahl des Gemüses können Sie nach Belieben variieren.

Corona
Extra

Linsen-Burger

IM TOMATEN-OREGANO-BUN

FÜR 4 PERSONEN CA. 250 °C | DIREKT BEI GESCHLOSSENEM DECKEL AUF DEM SCHAMOTTSTEIN

Zutaten

Für die Tomaten-Oregano-Brötchen

1 Würfel Hefe (42 g)

je 1 TL Zucker und Salz

3 getrocknete Tomaten

500 g Weizenmehl

100 ml Olivenöl

2 EL Sesam

3 EL Tomatenmark

1 TL getrockneter Oregano

Für die Linsen-Patties

600 g rote Linsen, weich gekocht

50 ml Olivenöl

1 Ei (Größe M)

1 Zwiebel

1 Knoblauchzehe

1 Zweig Rosmarin

1 Zweig Thymian

2 EL Tomatenmark

Salz – Pfeffer

Außerdem

8 Scheiben Bergkäse

1 Schamottstein

Gurken-Relish (siehe S. 156)

Zubereitung

Für das Tomaten-Oregano-Brötchen Hefe mit 250 ml lauwarmem Wasser und Zucker in einer Schüssel mischen. 15 Minuten gehen lassen. Die getrockneten Tomaten fein hacken. Die restlichen Zutaten dazugeben und miteinander verkneten, bis sich der Teig vom Schüsselrand löst. Je nach Konsistenz evtl. etwas mehr Mehl hinzugeben. Den Hefeteig zugedeckt an einem warmen und dunklen Ort 1 Stunde gehen lassen, bis sich sein Volumen vergrößert hat.

Aus dem fertigen Teig auf einer bemehlten Fläche Brötchen formen.

Den Grill mit dem Schamottstein vorheizen und die Brötchen bei 250 °C darauf bei geschlossenem Deckel etwa 15 Minuten backen. Garprobe: Mit einem Holzspieß hineinstechen, bleibt kein Teig mehr am Holz kleben, sind die Brötchen fertig.

Für die Linsen-Patties vorgekochte Linsen mit Olivenöl und Ei leicht pürieren. Zwiebel und Knoblauch schälen und fein hacken. Rosmarin und Thymian waschen, trocken schütteln und fein hacken. Die Masse mit ½ TL Rosmarin, ½ TL Thymian und Tomatenmark mischen, je nach Konsistenz evtl. etwas Gemüsebrühe dazugeben. Mit Salz und Pfeffer abschmecken. Die Linsenmasse zu kleinen Bratlingen formen und bei direkter Hitze kross grillen (von jeder Seite etwa 5 Minuten). Kurz bevor die Bratlinge fertig sind, mit dem Bergkäse belegen, damit dieser schmilzt.

Die Brötchen halbieren und mit dem Linsen-Burger und dem Gurken-Relish belegen. Sofort servieren.

Haupt-gerichte

Gefüllte Auberginen

MIT GRANATAPFELKERNEN & FETA

FÜR 4 PERSONEN   CA. 200 °C | INDIREKT BEI GESCHLOSSENEM DECKEL

Zutaten

4 kleine Auberginen

1 Granatapfel

300 g Feta

¼ Bund frische Minze

Olivenöl

Salz

Pfeffer

Zubereitung

Auberginen gründlich waschen, Stielansätze und Enden abschneiden. Anschließend längs halbieren und das Fruchtfleisch aushöhlen, ohne die Schale der Auberginen zu verletzen. Das ausgehöhlte Fruchtfleisch klein schneiden und beiseitelegen.

Granatapfel halbieren und die Kerne über einer Schüssel herauslösen. Feta zerbröseln. Minze waschen, trocken schütteln und hacken.

Den Grill auf 200 °C indirekte Hitze vorbereiten.

Das Auberginenfruchtfleisch mit Granatapfelkernen, Feta und etwas Olivenöl, Salz, Pfeffer und 1 EL der gehackten Minze vermengen. Die Auberginenhälften mit der zubereiteten Masse füllen.

Auberginen bei geschlossenem Deckel in ca. 30 Minuten weich grillen.

Zucchini-Bomben

MIT BERGKÄSE

FÜR 4 PERSONEN | 220 °C | DIREKT BEI GESCHLOSSENEM DECKEL

Zutaten

250 g Bergkäse

20 g Butter

2 EL Crème fraîche

500 g mehlig kochende Kartoffeln

frisch geriebene Muskatnuss

Salz

Pfeffer

4 runde Zucchini

Kräuter (nach Belieben)

Außerdem

1 feuerfeste Form

Zubereitung

Käse reiben, Butter und Crème fraîche bereitstellen.

Kartoffeln schälen, in leicht gesalzenem Wasser weich kochen, kurz ausdämpfen lassen.

Die noch heißen Kartoffeln mit Butter, Käseraspel und Crème fraîche in eine Schüssel geben und mit dem Handmixer glatt rühren. Mit etwas Muskatnuss, Salz und Pfeffer abschmecken. Abgedeckt warm halten.

Von den Zucchini den Deckel abschneiden, aushöhlen. Diese mit der Kartoffel-Käse-Masse bis knapp unter den Rand füllen.

Den Grill auf 220 °C direkte Hitze vorbereiten.

Die gefüllten Zucchini in einer feuerfesten Form eng aneinandersetzen und bei geschlossenem Deckel ungefähr 30 Minuten grillen, bis die Masse oben austritt und leicht bräunt. In den letzten Minuten die Zucchinideckel direkt auf den Rost legen und mitgrillen. Zum Servieren wieder auf die gefüllten Zucchini setzen. Nach Belieben mit Kräutern garnieren.

Gefüllter Tofu

MIT ZIEGENKÄSE & CHUTNEY

FÜR 4 PERSONEN

CA. 200 °C/130 °C | DIREKT BEI OFFENEM DECKEL UND INDIREKT IM SMOKER BEI GESCHLOSSENEM DECKEL

Zutaten

4 Zucchini

Salz

Zucker

Honig

Für den Tofu

100 ml Sojasauce

50 ml Sesamöl

1 EL Honig

4 Stücke Naturtofu (je 150 g)

Für die Füllung

Pflaumen-Portwein-Chutney (siehe S. 148)

200 g Ziegenfrischkäse

Zubereitung

Für den Tofu Sojasauce, Sesamöl und Honig verrühren. Die Tofustücke rundherum damit bestreichen. Den Grill anheizen und den Tofu von jeder Seite auf starker direkter Flamme 3–4 Minuten kross grillen.

Für die Füllung Pflaumen-Portwein-Chutney zubereiten. In jedes Tofustück seitlich eine Tasche schneiden, den Tofu mit jeweils einem Viertel vom Chutney und einem Viertel vom Ziegenfrischkäse füllen.

Zucchini waschen, die Enden abschneiden, anschließend längs in dünne Scheiben schneiden. Mit Salz und Zucker bestreuen und ziehen lassen, bis die Zucchinischeiben weich und biegsam sind.

Den gefüllten Tofu dünn mit Honig bestreichen und fest mit den Zucchinischeiben umwickeln. Die Tofu-Zucchini-Sandwiches bei 130 °C etwa 10 Minuten smoken.

TIPP

Anstelle des Pflaumen-Portwein-Chutneys harmoniert auch ein Zwiebel-Chutney mit dem gefüllten Tofu.

Frittata

MIT KARTOFFELN & SPARGEL

FÜR 4 PERSONEN — CA. 180 °C | DIREKT BEI OFFENEM UND GESCHLOSSENEM DECKEL

Zutaten

Für den Teig

300 g Kartoffeln

2 EL Crème fraîche

4 Eier (Größe M)

Meersalz

Pfeffer

frisch geriebene Muskatnuss

Für den Belag

8 Stangen weißer Spargel

8 Stangen grüner Spargel

2 junge Möhren

12 Zuckerschoten

Zucker — Meersalz

16 frische Morcheln (oder getrocknete und eingeweichte)

50 g Butter

100 ml Gemüsefond

4 Wachteleier

Speiseöl

Wildkräuter (z. B. Basilikum, Kresse)

Außerdem

1 feuerfeste Pfanne

Zubereitung

Für den Teig Kartoffeln schälen und gar kochen. Abkühlen lassen und anschließend durch eine Kartoffelpresse in eine Schüssel drücken. In der Schüssel mit Crème fraîche verrühren. Nach und nach die Eier unterheben und mit den Gewürzen abschmecken.

Für den Belag weißen Spargel von oben nach unten schälen, die Köpfe ganz lassen, holzige Enden abschneiden. Den grünen Spargel im unteren Drittel schälen, holzige Stellen abschneiden. Beide Spargelsorten in Stücke schneiden. Möhren putzen, schälen, waschen und ebenfalls in Stücke schneiden. Zuckerschoten waschen, in Rauten schneiden und zusammen mit den Spargelstücken mit Zucker und Meersalz etwa 20 Minuten marinieren. Morcheln gut waschen und trocken tupfen, dann in einem Topf mit der Butter anschwitzen. Spargel, Möhren und Zuckerschoten dazugeben und mit dem Gemüsefond halb gar dünsten. Die Wachteleier in einer Pfanne in etwas Öl zu Spiegeleiern ausbraten.

Den Kartoffelteig in einer feuerfesten Pfanne mit etwas Öl auf den Grill stellen und bei mittlerer Hitze den Teig halb stocken lassen. Von der Hitze nehmen und Gemüse und Morcheln in den noch weichen Teig legen.

Den Deckel schließen und die Frittata in etwa 25 Minuten goldbraun backen. Vom Grill nehmen und, mit Wachtelspiegelei und gewaschenen Wildkräutern garniert, heiß servieren.

TIPP

Wachtelspiegeleier braten, in einen Suppenteller geben und mit Klarsichtfolie bespannen, ohne das Eigelb zu berühren. An einen warmen Ort in der Küche stellen, so können Sie die Eier auch nach 30 Minuten saftig und nicht angetrocknet servieren.

VERKOHLTER

Lauch

FÜR 4 PERSONEN | 160 °C | DIREKT/INDIREKT BEI GESCHLOSSENEM DECKEL

Zutaten

Für die Rote-Bete-Salsa

4 mittelgroße Rote Beten

Salz

Pfeffer

2 EL Olivenöl

2 EL Apfelsaft

2 EL Aceto balsamico

1 TL Zucker

½ TL gemahlener Kreuzkümmel

1 säuerlicher Apfel

1 Frühlingszwiebel

1 kleines Bund Petersilie

Für den Dip

200 g saure Sahne

Zitronensaft

½ TL geräuchertes Paprikapulver

Salz

Pfeffer

2 große Stangen Lauch

Außerdem

Alufolie

Zubereitung

Den Grill auf 160 °C indirekte Hitze vorbereiten.

Rote Beten waschen, trocknen und halbieren. Je zwei Hälften in ein vorbereitetes Schiffchen aus Alufolie legen, etwas salzen und pfeffern. Aus Olivenöl, Apfelsaft, Balsamico, Zucker und dem Kreuzkümmel eine Marinade rühren und löffelweise über die Roten Beten geben. Die 4 Aluschiffchen verschließen und etwa 1 Stunde bei geschlossenem Grilldeckel garen.

Die fertig gegarten Rote-Bete-Knollen aus den Schiffchen nehmen. Garsud auffangen. Die Knollen schließlich schälen und würfeln. Den Apfel waschen, fein reiben oder würfeln, Frühlingszwiebel waschen, putzen und in feine Ringe schneiden, Petersilie waschen, trocken schütteln und fein hacken. Nun alles zusammenfügen, Garsud löffelweise untermischen, mit Salz und Pfeffer abschmecken. Ziehen lassen.

Saure Sahne mit etwas Zitronensaft, geräuchertem Paprikapulver, Salz und Pfeffer würzen. Bereitstellen.

Den Grill nun auf direkte Hitze vorbereiten. Die beiden Lauchstangen waschen, auf den Rost legen und 20–30 Minuten grillen, bis sie deutlich verkohlte Stellen aufweisen. Vom Rost nehmen, in 10 cm lange Stücke schneiden und mittels eines Längsschnittes den inneren Kern freilegen.

Rote-Bete-Salsa auf Tellern anrichten und mit je 2 Lauchstücken und der sauren Sahne servieren.

ASIATISCHE

Tofusteaks

FÜR 4 PERSONEN | CA. 250 °C | DIREKT BEI OFFENEM DECKEL

Zutaten

Koriandersamen

Sesamsamen

500 g Räuchertofu

Salz

Currypulver

Chilipulver

gemahlener Ingwer

1 rote Zwiebel

2 Stängel Thai-Basilikum

1 Stängel Minze

¼ Bund Koriander

1 Bund Frühlingszwiebeln

50 g Sojasprossen

50 g geröstete Erdnüsse

1–2 Eiweiß (Größe M)

Außerdem

Alufolie

Zubereitung

Koriandersamen und Sesamsamen in einer Pfanne ohne Öl rösten, dabei immer wieder umrühren, damit nichts anbrennt. Dann beide Samensorten im Mörser fein mahlen. Tofu in feine Würfel schneiden und mit Salz und Gewürzen marinieren.

Zwiebel schälen und in feine Würfel schneiden. Thai-Basilikum, Minze und Koriander waschen, trocken schütteln, Blätter abzupfen und fein schneiden. Frühlingszwiebeln putzen, waschen, trocken tupfen und ebenfalls in kleine Stücke schneiden. Zwiebel, Kräuter, Frühlingszwiebeln und gewaschene Sojasprossen mit dem Tofu mischen.

Geröstete Erdnüsse fein hacken und unterheben. Etwa ⅘ der Masse pürieren, mit der restlichen klein geschnittenen Menge mischen. Eiweiß zugeben und das Ganze zu einer homogenen Masse verarbeiten. Ggf. ein zweites Eiweiß unterarbeiten.

Aus der Masse 4 Steaks formen und auf den mit Alufolie belegten Grillrost legen. Von jeder Seite etwa 5–7 Minuten goldbraun grillen.

Gebackene Süßkartoffeln

MIT CURRY-TOMATEN-SALAT

FÜR 4 PERSONEN — CA. 200 °C | DIREKT/INDIREKT BEI GESCHLOSSENEM DECKEL

Zutaten

Für die Süßkartoffeln

4 Süßkartoffeln

Salz

Olivenöl

250 g gemischte Pilze

1 Zweig Rosmarin

1 Zweig Thymian

1 Chilischote

250 g Sauerrahm (Schmand)

1 Ei (Größe M)

Pfeffer

1 TL Currypulver

Für den Curry-Tomaten-Salat

800 g Strauchtomaten

1 Zwiebel

1 Handvoll frischer Koriander

Salz – Olivenöl

Aceto balsamico bianco

Currypulver

Außerdem

1 feuerfeste Pfanne

Alufolie

Zubereitung

Süßkartoffeln gründlich waschen und trocken tupfen, anschließend halbieren, kräftig salzen und, mit einem Schuss Olivenöl beträufelt, in Alufolie wickeln. Süßkartoffeln bei direkter Hitze in etwa 15 Minuten weich grillen. Süßkartoffeln auswickeln und das weiche Fruchtfleisch leicht nach innen drücken, sodass jeweils eine Mulde entsteht.

Pilze gründlich putzen und fein würfeln. Rosmarin und Thymian waschen, trocknen, hacken, je 1 TL in die feuerfeste Pfanne geben und die Pilzwürfel auf dem Grill anbraten. In der Zwischenzeit Chilischote waschen, hacken, ggf. entkernen. Anschließend Sauerrahm mit Ei, gebratenen Pilzen und Chilischote vermengen. Mit Salz, Pfeffer und etwas Curry nach Belieben abschmecken.

Pilz-Sauerrahm-Masse in die Süßkartoffelmulden füllen. Süßkartoffeln bei indirekter Hitze, auf der Schalenseite, bei etwa 200 °C und geschlossenem Deckel grillen, bis die Pilz-Sauerrahm-Masse fest wird.

Für den Tomatensalat Tomaten waschen, ggf. die Stielansätze entfernen, halbieren und in Würfel schneiden. Zwiebel schälen und fein würfeln. Koriander waschen, trocken schütteln und hacken.

In einer Schüssel Zwiebelwürfel, 1 EL Koriander, Salz, Olivenöl und Essig zu einem Dressing verrühren und mit Curry abschmecken. Gewürfelte Tomaten zu dem Dressing geben und ziehen lassen. Gefüllte Süßkartoffeln mit dem Salat anrichten und servieren.

Gratinierter Fenchel

UNTER DER KRÄUTERKRUSTE

FÜR 4 PERSONEN | CA. 200 °C | INDIREKT BEI GESCHLOSSENEM DECKEL

Zutaten

Für die Kräuterkruste

1 Zweig Rosmarin

¼ Bund Dill

¼ Bund Petersilie

75 g weiche Butter

3 TL körniger Senf

100 g Semmelbrösel

½ TL Salz

1 Prise Pfeffer

Für den Fenchel

4 Fenchelknollen

Olivenöl – Salz

Für die Tomaten

Olivenöl

800 g Kirschtomaten

½ Knoblauchzehe

1 Zweig Rosmarin

1 Zweig Thymian

1 EL Zucker

1 TL Salz

½ TL Schwarzkümmel

Außerdem

1 feuerfester Topf

Zubereitung

Für die Kräuterkruste Rosmarin, Dill und Petersilie waschen, trocken schütteln und hacken. Butter mit Senf, Semmelbröseln, je 1 TL Rosmarin, Dill und Petersilie, Salz und Pfeffer verkneten.

Fenchelknollen putzen, waschen und halbieren. Mit Olivenöl bestreichen und salzen. Die Kräuterkruste jeweils auf die Fenchelhälften bröseln. Den Grill auf etwa 200°C vorheizen und eine indirekte Zone einrichten. Fenchel bei geschlossenem Deckel in etwa 30–40 Minuten weich grillen.

Für die Tomaten den feuerfesten Topf auf den Grill stellen, etwas Olivenöl hineingeben. Kirschtomaten waschen, trocken tupfen und halbieren, ggf. Stielansätze entfernen. Knoblauch schälen und hacken. Rosmarin und Thymian waschen, trocken schütteln und hacken. Die Tomaten mit Zucker, ½ TL Knoblauch, 1 TL Rosmarin, 1 TL Thymian, Salz und Schwarzkümmel weich kochen lassen. Je länger die Tomaten gegart werden, desto besser entfaltet sich ihr Aroma.

Fenchelhälften anrichten und mit den saftigen Tomaten servieren.

TIPP

Die Kräuterkruste lässt sich wunderbar auch für jedes andere Gemüse verwenden.

Toast Hawaii

MIT RÄUCHERTOFU

FÜR 4 PERSONEN | CA. 150 °C | DIREKT BEI GESCHLOSSENEM DECKEL

Zutaten

8 Scheiben Sandwichtoast

etwas weiche Butter

400 g Räuchertofu

½ frische Ananas

250 g Cheddar-Käse (in Scheiben)

Außerdem

frische Erdbeeren

Zubereitung

Die Toastscheiben auf einer Seite mit etwas Butter bestreichen. Räuchertofu in dünne Scheiben schneiden und jeweils auf die gebutterte Seite der Brotscheiben legen.

Ananas schälen, vom Strunk befreien, in Scheiben schneiden, diese jeweils auf den Räuchertofu legen. Zum Schluss die Ananas mit Cheddarscheiben belegen.

Belegte Toastscheiben bei etwa 150 °C auf den Grill legen, bei geschlossenem Deckel warten, bis der Käse geschmolzen ist und die Toastscheiben von unten kross sind. Die fertigen Toasts mit Erdbeeren garnieren.

TIPP

Anstelle von Cheddar können Sie auch einen anderen würzigen Käse verwenden.

Süßkartoffeln

MIT CASHEW-BASILIKUM-DIP & KNOBLAUCH-CRUNCH

FÜR 4 PERSONEN | CA. 200 °C | DIREKT BEI OFFENEM DECKEL

Zutaten

1 daumengroßes Stück Ingwer

1 Stange Zitronengras

Salz

1 kg Süßkartoffeln

Olivenöl

Für den Cashew-Basilikum-Dip

100 g Cashewkerne

1 Topf Basilikum

Saft und Abrieb von ½ Bio-Zitrone

1 Prise Chilipulver

Salz

Zucker

Pfeffer

Für den Knoblauch-Crunch

1–2 Knoblauchzehen

2–3 Zweige Thymian

150 ml Öl zum Braten

50 g Panko (japanisches Paniermehl, aus dem Asialaden)

Zubereitung

Ingwer schälen und grob schneiden. Einige Stunden vor dem Grillen 1 l Wasser mit Ingwer und dem mit dem Messerrücken geklopften Zitronengras und reichlich Salz aufkochen. Süßkartoffeln waschen und schälen, in etwa 0,5–1 cm große Scheiben schneiden und darin in etwa 2–3 Minuten bissfest abkochen. Herausnehmen, nebeneinander auf ein Blech legen und mit Olivenöl beträufeln. Abkühlen lassen, anschließend kalt stellen.

Für den Cashew-Basilikum-Dip Cashewkerne hacken. Basilikumblätter abzupfen, waschen und trocken schütteln. Alle Zutaten mit 100 ml Wasser in einen Hochleistungsmixer geben und mixen und mit Salz, Zucker und Pfeffer abschmecken. Sollte kein Hochleistungsmixer zur Hand sein, kann man die Cashews für ein paar Stunden einweichen und dann verarbeiten.

Für den Knoblauch-Crunch Knoblauch schälen und die Zehen jeweils halbieren. Thymian waschen, trocken schütteln, die Blättchen abzupfen. Bratöl mit Knoblauch und Thymian in einer tiefen Pfanne erhitzen. Sobald der Knoblauch Farbe bekommt, Panko dazugeben und die Pfanne schwenken. Sobald das Panko goldbraun ist, auf einem Küchentuch abtropfen lassen.

Die Süßkartoffelscheiben bei etwa 200 °C auf beiden Seiten grillen und mit dem Dip und dem Knoblauch-Crunch servieren.

Halloumi-Zucchini-Spieße

MIT CHILI-LIMETTEN-ÖL

FÜR 4 PERSONEN | CA. 200 °C | DIREKT BEI OFFENEM DECKEL

Zutaten

Für das Chili-Limetten-Öl

3 Habanero-Chilischoten (rot, gelb)

1 Zweig Thymian

Abrieb von 3 Bio-Limetten

300 ml gutes Olivenöl

Salz

grober Pfeffer

Für die Halloumi-Zucchini-Spieße

je 1 gelbe und grüne Zucchini

Salz

100 g getrocknete Tomaten

500 g Halloumi

Zubereitung

Einige Stunden vor dem Grillen das Chili-Limetten-Öl zubereiten. Dafür die Chilischoten halbieren, entkernen und anschließend fein würfeln bzw. hacken. Thymian waschen, trocken schütteln und hacken. Mit Limettenschale, 1 EL gehacktem Thymian, Öl, Salz und Pfeffer verrühren.

Für die Halloumi-Zucchini-Spieße die Zucchini waschen, die Enden abschneiden. Anschließend längs in 2 mm dicke Scheiben schneiden. Nebeneinander ausbreiten, leicht salzen und 5 Minuten ruhen lassen. Getrocknete Tomaten halbieren und jeweils ein Stück eng in eine Zucchinischeibe einrollen. Halloumi in etwa 2 cm große Würfel schneiden und abwechselnd mit den Zucchiniröllchen auf einen Holzspieß stecken. Die fertigen Spieße dann über Nacht in das Chili-Limetten-Öl einlegen.

Die abgetropften Spieße auf beiden Seiten goldbraun bei etwa 200 °C grillen und mit dem Chili-Limetten-Öl servieren.

TIPP

Probieren Sie statt der Zucchinischeiben auch Auberginenscheiben aus.

Gegrillter Scarmorza-Käse

IM WEINBLATT

FÜR 4 PERSONEN | CA. 200 °C | INDIREKT BEI GESCHLOSSENEM DECKEL

Zutaten

16 große eingelegte Weinblätter (aus dem Glas)

800 g Scamorza-Käse (geräucherter Mozzarella)

4 TL Honig

grober Pfeffer

2 getrocknete Tomaten

Außerdem

8 Stücke Wood Paper

Zubereitung

Das Wood Paper mindestens 20 Minuten in Wasser einweichen. Weinblätter aus dem Glas nehmen und in einem Sieb abtropfen lassen.

Scamorza in Stücke schneiden, mit Honig bestreichen und mit etwas Pfeffer bestreuen. Tomaten in Streifen schneiden. Scamorza mit den getrockneten Tomaten in die Weinblätter einpacken, der Käse muss von den Weinblättern fest umschlossen sein, damit er während des Grillens nicht ausläuft.

Wood Paper aus dem Wasser nehmen und die Weinblattpakete darin einwickeln, mit einer dicken Schnur zubinden.

Die Päckchen bei etwa 200 °C indirekt grillen, bis der Käse weich ist. Das dauert etwa 10–15 Minuten.

TIPP

Servieren Sie dazu frisches Brot und Aioli (siehe S. 144). Die Weinblattpäckchen lassen sich auch direkt auf dem Grill ohne Wood Paper grillen.

Gefüllte Maultaschen

MIT MÖHREN

FÜR 4 PERSONEN CA. 200 °C | DIREKT BEI GESCHLOSSENEM ODER OFFENEM DECKEL

Zutaten

Für die Maultaschen

150 g frische Steinpilze

1 Knoblauchzehe

Pflanzenöl

700 g TK-Blattspinat

250 g Semmelbrösel

1 Ei (Größe M)

Salz

Pfeffer

frisch geriebene Muskatnuss

1 Rolle Maultaschenteig (aus dem Kühlregal, 250 g)

2 Eier (Größe M, verquirlt)

Für die Möhren

4 Möhren

4 EL Aceto balsamico bianco

4 EL Honig

Salz

Außerdem

1 gusseiserne Grillplatte oder -pfanne

Pergamentpapier

Zubereitung

Für die Maultaschen Steinpilze gründlich säubern, ggf. vorsichtig waschen und trocken tupfen, anschließend fein würfeln. Knoblauch schälen und hacken. Steinpilze mit ½ TL Knoblauch in etwas Öl anbraten, aufgetauten Spinat dazugeben und kurz mit anbraten. Die Masse in eine Schüssel geben und mit Semmelbröseln und Ei vermischen. Mit Salz, Pfeffer und Muskatnuss abschmecken.

Den Maultaschenteig ausrollen, die Spinatmasse in die Mitte geben und verstreichen, die Teigenden mit dem gequirlten Ei bestreichen und den Teig zur Maultasche einschlagen. Die Teigränder fest zusammendrücken. Den Grill auf etwa 200 °C vorheizen. Maultasche auf einer gusseisernen Platte oder in der Pfanne in Öl in etwa 10 Minuten kross backen.

Möhren putzen, schälen und waschen. Mit Aceto balsamico, Honig und etwas Salz marinieren. Möhren in Pergamentpapier einschlagen und auf dem Grill in etwa 10 Minuten weich grillen.

TIPP

Dazu passt z. B. ein Joghurt-Dip mit Kresse oder ein Quark mit Kräutern (siehe S. 158).

Gelbe Bete

IM FADENTEIG

FÜR 4 PERSONEN

CA. 180 °C | INDIREKT BEI GESCHLOSSENEM ODER OFFENEM DECKEL AUF DEM SCHAMOTTSTEIN

Zutaten

1 Zwiebel

50 g Butter

300 g Gelbe Bete

2 Möhren

2 Bio-Limetten

20 g Honig

Salz

Pfeffer

Zucker

Speisestärke

Außerdem

1 Pck. Fadenteig (Kadayif-Teig, aus dem türkischen Supermarkt)

1 Schamottstein

Zubereitung

Zwiebel schälen und in feine Würfel schneiden. In einem Topf mit etwas von der Butter anschwitzen.

Gelbe Bete und Möhren schälen und waschen, anschließend in walnussgroße Stücke schneiden, mit in den Topf geben und mit anschwitzen.

Limetten gründlich waschen und trocken tupfen. ½ Limette auspressen, restliche Limetten in kleine Stücke schneiden. Limettensaft und Stücke mit in den Topf geben und mit anschwitzen.

Restliche Butter und Honig hinzugeben. Mit Salz und Pfeffer würzen. Wenn nötig, noch etwas Zucker hinzugeben. Den Bratensaft mit etwas angerührter Speisestärke abbinden, damit es eine sehr feste Masse wird. Am besten einen Tag stehen lassen, damit das Aroma der Limetten schön einzieht. Dann Limettenstücke herausnehmen.

Den Fadenteig auf dem Tisch ausbreiten. Etwas von der Gelbe-Bete-Masse daraufgeben und vorsichtig in den Fadenteig einrollen. Indirekt auf dem Schamottstein bei 180–200 °C in etwa 15 Minuten schön goldgelb backen lassen. Der Fadenteig wird dann sehr knusprig, die Masse in der Mitte bleibt weich.

STAUB

Römische Nocken

MIT SELLERIE, BIRNE & ZWIEBELPÜREE

FÜR 4 PERSONEN — CA. 120 °C/180 °C | DIREKT BEI OFFENEM DECKEL

Zutaten

Für die Nocken

1 l Milch

50 g Butter

200 g Grieß

50 g geriebener Parmesan

Salz – Pfeffer

geriebene Muskatnuss

1 Eigelb (Größe M)

Olivenöl

Für das Gemüse

6 Stangen Staudensellerie

2 Birnen

1 rote Zwiebel – 1 Bund Dill

Saft von 1 Zitrone

Olivenöl

Salz – Pfeffer – Zucker

Für das Zwiebelpüree

500 g Zwiebeln

75 g Butter

50 g Rundkornreis

500 ml Milch

2 Eigelb (Größe M)

3 EL Sahne

1 Weißbrot

Außerdem

1 gusseiserne Grillplatte

1 feuerfester Topf mit Deckel

Zubereitung

Den Grill auf 180 °C anheizen. Für die Nocken Milch mit Butter in einem Topf aufkochen, Grieß relativ zügig unterrühren. Dies wird eine feste Masse. Danach Parmesan unterrühren und die Masse mit etwas Salz, Pfeffer und Muskatnuss würzen. Zum Schluss das Eigelb unterziehen. Die Masse auf ein Blech streichen und auskühlen lassen. Anschließend aus der Masse Halbmonde oder Ähnliches schneiden/ausstechen und mit etwas Olivenöl auf der gusseisernen Platte goldgelb garen (jede Seite 3–4 Minuten).

Für das Gemüse Staudensellerie putzen, ggf. harte Außenfäden abziehen, die Stangen waschen. Jeweils oben und unten etwas abschneiden, dann in 0,5 cm dicke Scheiben schneiden. Birnen schälen, entkernen und in dünne Spalten schneiden. Zwiebel schälen und in feine Streifen schneiden. Dill waschen, trocken schütteln, die Spitzen abzupfen und fein hacken. Gemüse mischen. Mit etwas Zitronensaft und Olivenöl beträufeln. Mit Salz, Pfeffer und etwas Zucker abschmecken. Den Salat kurz verrühren und über die gebratenen römischen Nocken geben.

Den Grill auf etwa 120 °C aufheizen. Zwiebeln schälen und klein schneiden. In der Butter im feuerfesten Topf dünsten, Rundkornreis kurz mitdünsten. Milch dazugeben und aufkochen lassen. Den Deckel darauflegen und im Grill bei ungefähr 120 °C 30 Minuten ziehen lassen.

Mit einem Küchenmixer die Masse anschließend gut durchmixen. Den Grill wieder auf 180 °C aufheizen. Zum Schluss Eigelb und Sahne verrühren und unter die Masse ziehen. Weißbrot in Scheiben schneiden und das Zwiebelpüree darauf verstreichen. Bei 180 °C im Grill leicht überbacken, bis das Weißbrot schön knusprig und das Püree leicht gebräunt wird.

Raclette-Brot

MIT PREISELBEEREN & CHAMPIGNONS

FÜR 4 PERSONEN | CA. 150 °C | DIREKT BEI GESCHLOSSENEM DECKEL

Zutaten

8 Champignons

8 Scheiben Bauernbrot (Roggenbrot)

8 EL Preiselbeerkonfitüre

Salz

8 Scheiben Raclette-Käse

Pfeffer

Zubereitung

Champignons putzen, abbürsten und ggf. vorsichtig waschen. Pilze in Scheiben schneiden.

Bauernbrotscheiben mit der Preiselbeerkonfitüre bestreichen und mit etwas Salz bestreuen. Käsescheiben darauflegen und nach Geschmack mit Pfeffer bestreuen.

Den Grill auf etwa 150 °C anheizen. Raclette-Brot direkt auf den Grillrost legen und bei geschlossenem Deckel grillen, bis der Käse schmilzt. Das dauert etwa 10 Minuten.

TIPP

Bestreuen Sie das Raclette-Brot zusätzlich mit fein gehackter Petersilie, damit verleihen Sie ihm noch den letzten Schliff.

Gefüllte Rote Bete

MIT SCHAFSMILCHJOGHURT

FÜR 4 PERSONEN | CA. 200 °C | DIREKT BEI GESCHLOSSENEM DECKEL

Zutaten

1 Zweig Thymian

1 Knoblauchzehe

300 g Schafsmilchjoghurt

100 g gemahlene Haselnusskerne

100 g geriebener Parmesan

1 TL Honig

1 Eigelb (Größe M)

Salz

grober Pfeffer

8 Rote Beten (vorgegart)

Zubereitung

Thymian waschen, trocken schütteln und hacken. Knoblauch schälen und hacken. Schafsmilchjoghurt mit gemahlenen Haselnüssen, geriebenem Parmesan, etwa 1 TL Thymian, etwa ½ TL Knoblauch, Honig, Eigelb, etwas Salz und Pfeffer mischen.

Von der Roten Bete jeweils einen Deckel abschneiden und die Bete jeweils so aushöhlen, dass kleine Höhlen für die Füllung entstehen.

Die Rote Bete mit der Schafsmilchjoghurtmasse füllen und bei etwa 200 °C mit geschlossenem Deckel direkt etwa 20–25 Minuten grillen.

TIPP

Das ausgehöhlte Rote-Bete-Fleisch können Sie zu einem leckeren Salat verarbeiten und als Beilage reichen.

Desserts

FRUCHTIGER

Rhabarber-Crumble

FÜR 4 PERSONEN | CA. 200 °C | INDIREKT BEI GESCHLOSSENEM DECKEL

Zutaten

Für den Rhabarber

600 g Rhabarber

80 g Vanillezucker

Für den Crumble

100 g Mehl

100 g Zucker

50 g Haferflocken

90 g Butter (Zimmertemperatur)

1 TL gemahlener Zimt

Außerdem

4 feuerfeste Formen

Zubereitung

Rhabarber putzen, waschen und ggf. harte Außenfäden abziehen. In grobe Stücke schneiden und mit Vanillezucker in einer Schüssel mischen.

10 Minuten marinieren lassen, dann in 4 feuerfeste Formen füllen.

Für den Crumble Mehl, Zucker, Haferflocken, Butter und Zimt vermengen, bis ein lockerer Teig entsteht. Teigstreusel auf dem Rhabarber verteilen.

Den Grill auf 200 °C vorheizen und den Rhabarber-Crumble bei indirekter Hitze und geschlossenem Deckel etwa 40 Minuten backen.

TIPP

Je nach Saison können Sie auch andere Früchte verwenden. Dadurch verkürzt sich ggf. die Backzeit.

Zitronenkuchen

MIT HIMBEEREN, NÜSSEN & FRISCHKÄSE

FÜR 4 PERSONEN | CA. 180 °C | INDIREKT BEI GESCHLOSSENEM DECKEL

Zutaten

125 g Butter (Zimmertemperatur)

150 g Frischkäse

125 g Puderzucker

2 Eier (Größe M)

150 g Mehl

1 TL Backpulver

50 g gemahlene Haselnusskerne

Saft und Abrieb von 1 Bio-Zitrone

100 g TK-Himbeeren (aufgetaut)

Außerdem

4 feuerfeste Silikonbackformen

Zubereitung

Butter und Frischkäse in einer Schüssel cremig rühren. Puderzucker dazusieben und unterrühren. Eier hinzufügen und ebenfalls unterrühren.

Mehl, Backpulver und Haselnüsse in einer zweiten Schüssel mischen, anschließend portionsweise unter die Butter-Ei-Masse arbeiten. Zum Schluss Zitronenschale und -saft unterheben. Dann vorsichtig die aufgetauten Himbeeren einarbeiten.

Den Grill auf etwa 180 °C vorheizen. Den Kuchenteig in feuerfeste Silikonformen füllen und bei indirekter Hitze und geschlossenem Deckel etwa 30 Minuten backen.

TIPP

Diese kleinen Küchlein schmecken auch gut mit TK-Blaubeeren oder den ersten frischen Erdbeeren der Saison.

Schmandtarte

MIT BASILIKUM-ERDBEEREN

FÜR 1 TARTE (Ø 26 CM) | CA. 200 °C | INDIREKT BEI GESCHLOSSENEM DECKEL

Zutaten

Für die Füllung

250 g Crème fraîche

3 Eigelb (Größe M)

1 Ei (Größe M)

110 g Zucker

20 g Vanille-Puddingpulver

Mark von 1 Vanilleschote

etwas Abrieb von je 1 Bio-Zitrone und Bio-Orange

Für den Mürbeteig

125 g weiche Butter

75 g Zucker

1 Prise Salz

1 Eigelb (Größe M)

225 g Mehl

Butter für die Form

Für die Basilikum-Erdbeeren

500 g Erdbeeren

6 Stängel Basilikum

Zitronenlikör – Zucker

Außerdem

1 feuerfeste Tarteform (Ø 26 cm)

Zubereitung

Für die Füllung Crème fraîche mit Eigelb, Ei, Zucker, Puddingpulver und Vanillemark in einer Schüssel glatt verrühren. Mit etwas Zitronen- und Orangenabrieb abschmecken.

Für den Mürbeteig Butter mit Zucker, Salz und Eigelb mit dem Handmixer (Rührbesen) schaumig schlagen. Mehl dazusieben und alles zu einem geschmeidigen Teig verkneten. Tarteform mit etwas Butter fetten, den Mürbeteig dünn ausrollen und in die Form legen.

Erdbeeren putzen, waschen, trocken tupfen und vierteln. Basilikum waschen, trocken schütteln und Blätter abzupfen. Blätter ggf. etwas kleiner zupfen. Erdbeeren mit etwas Zitronenlikör, Zucker und Basilikum mischen.

Den Grill auf etwa 200 °C anheizen und eine indirekte Zone schaffen. Die Füllung auf den Mürbeteig in die Tarteform geben und verstreichen. Die Tarte bei geschlossenem Deckel grillen, bis die Schmandmasse fest wird (das dauert etwa 30–40 Minuten). Erdbeersalat dazu reichen.

TIPP

Sie können die Tarte auch mit gemischten Beeren servieren.

Apfel-Küchlein

MIT RUM

FÜR 10–12 STÜCK | CA. 200 °C | INDIREKT BEI GESCHLOSSENEM DECKEL

Zutaten

- 125 g Margarine
- 125 g Zucker
- 2 Eier (Größe M)
- 100 g Mehl
- ½ EL Backpulver
- 75 g gemahlene Haselnusskerne
- ½ EL gemahlener Zimt
- 2 EL Kakao
- 1 EL Vanillezucker
- 3 Äpfel
- 50 ml Rum

Außerdem

- 10–12 Silikonbackformen (Muffingröße)

Zubereitung

Margarine mit Zucker und Eiern in der Küchenmaschine oder mit dem Handmixer (Rührbesen) schaumig schlagen. Mehl, Backpulver, Haselnüsse, Zimt, Kakao und Vanillezucker in einer zweiten Schüssel mischen und portionsweise unterrühren.

Äpfel schälen, vierteln, entkernen und grob reiben. Äpfel und Rum unter den Teig heben. Teig in die Silikonbackformen füllen (etwa 80 g).

Den Grill auf 200 °C vorheizen und die Kuchen auf der indirekten Seite, bei geschlossenem Deckel, etwa 15 Minuten backen.

TIPP

Die Küchlein heiß mit geschlagener Sahne servieren.

Bananenbrot

MIT PAPAYA-LIMETTEN-SALAT

FÜR 1 AUFLAUFFORM | CA. 180 °C | DIREKT BEI GESCHLOSSENEM DECKEL

Zutaten

Für das Bananenbrot

6 sehr reife Bananen

1 Vanilleschote

200 g Weizen-Vollkornmehl

100 g Weizenmehl

150 g brauner Zucker

1 EL Backpulver

frisch geriebene Muskatnuss

100 ml Kokosöl

1 Apfel

150 g Cashewkerne

Für den Papaya-Limetten-Salat

1 kg Papaya

Saft und Abrieb von 2–3 Bio-Limetten

Außerdem

1 Auflaufform (20 x 20 cm)

etwas Öl für die Form

Zubereitung

Bananen schälen und in einer Schüssel mit einer Gabel grob zerdrücken. Vanilleschote der Länge nach halbieren und mit einem Messer das Mark herauskratzen.

In einer weiteren Schüssel beide Mehle, Zucker, Backpulver, Vanillemark und ein wenig geriebene Muskatnuss mischen. Kokosöl dazugeben und die Zutaten zügig miteinander verrühren.

Apfel schälen, vierteln, entkernen und in kleine Würfel schneiden. Unter den Teig heben. Eine Auflaufform (etwa 20 x 20 cm) mit Öl einstreichen, den Teig hineingeben. Mit ganzen Cashews bestreuen und bei etwa 180 °C direkt bei geschlossenem Deckel grillen.

Nach etwa 60 Minuten mit einem Holzspieß prüfen, ob das Bananenbrot durchgebacken ist. Das Bananenbrot etwa 15 Minuten abkühlen lassen und in 12 gleich große Stücke schneiden.

Für den Papaya-Limetten-Salat Papayas halbieren, entkernen, schälen und klein würfeln. Mit Limettensaft und Abrieb abschmecken. Das warme Bananenbrot mit dem Papaya-Limetten-Salat servieren.

Blätterteigtaschen

MIT BIRNEN & MARSHMALLOWS

FÜR 4 PERSONEN | CA. 250 °C | DIREKT BEI GESCHLOSSENEM DECKEL AUF DEM SCHAMOTTSTEIN

Zutaten

2 Birnen

20 g Rosinen

Zucker

gemahlener Zimt

Rum

150 g Marshmallows

150 g Mandelblätter

1 Rolle Blätterteig (aus dem Kühlregal)

2 Eier (Größe M)

Außerdem

1 Schamottstein

Zubereitung

Den Grill mit dem Schamottstein auf 250 °C vorheizen.

Birnen schälen, entkernen und grob in eine Schüssel raspeln. Rosinen hinzufügen, die Masse mit Zucker, Zimt und Rum abschmecken.

Marshmallows klein schneiden und mit den Mandelblättern unter die Birnen heben. Blätterteig ausbreiten und in 4 Stücke schneiden. Die Birnenmasse jeweils mittig auf dem Blätterteig verteilen.

Eier verquirlen und die Blätterteigränder damit einstreichen. Blätterteig einschlagen und die Ränder fest andrücken. Die Teigtaschen auf dem Schamottstein bei geschlossenem Deckel 30 Minuten backen.

TIPP

Die Taschen schmecken auch mit geraspelten Äpfeln sehr gut.

Süße Pizza

MIT ÄPFELN & ZIMT

FÜR 1 PIZZA | CA. 220 °C | DIREKT BEI GESCHLOSSENEM DECKEL AUF DEM SCHAMOTTSTEIN

Zutaten

100 g Schmand

Zucker

2 Äpfel

1 Rolle Pizzateig (aus dem Kühlregal)

1 TL gemahlener Zimt

Außerdem

1 Schamottstein

Zubereitung

Schmand nach Geschmack mit Zucker süßen. Äpfel gründlich waschen, vierteln, entkernen und in dünne Scheiben schneiden.

Pizzateig ausbreiten und mit dem süßen Schmand bestreichen. Apfelscheiben auf dem Schmand verteilen und mit Zimt und Zucker bestreuen.

Den Grill auf 220 °C vorheizen und die Pizza auf dem vorgeheizten Schamottstein bei geschlossenem Deckel etwa 20–25 Minuten backen.

TIPP

Für eine sommerlichere Variante können Sie die Pizza auch mit Nuss-Nougat-Creme bestreichen und mit Erdbeeren oder Bananen belegen.

Bratapfel
MIT VANILLESAUCE

FÜR 4 PERSONEN | CA. 200 °C | INDIREKT BEI GESCHLOSSENEM DECKEL

Zutaten

Für die Bratäpfel

100 g gemahlene Mandeln

50 g Marzipan

20 g Rosinen

1 EL Rum

1 EL Orangenmarmelade

4 Äpfel

Für die Vanillesauce

1 Vanilleschote

2 EL Zucker

250 g Sahne

2 Eigelb (Größe M)

Zubereitung

Gemahlene Mandeln mit Marzipan, Rosinen, Rum und Orangenmarmelade zu einer Füllung vermengen.

Für die Vanillesauce Vanilleschote aufschneiden und das Mark mit einem Messer herauskratzen. Vanilleschote, Mark, Zucker und Sahne in einen Topf geben, gründlich vermischen und aufkochen. 10 Minuten ziehen lassen und die Vanilleschote herausnehmen.

Die Eigelbe verquirlen und mit dem Schneebesen langsam in die Sahne einarbeiten. Die Masse langsam bis kurz vor den Siedepunkt erhitzen und mit dem Schneebesen sehr kräftig schlagen, bis sie anfängt, dickflüssig zu werden. Unter wiederholtem Umrühren erkalten lassen und in den Kühlschrank stellen.

Äpfel waschen und trocken tupfen. Mit einem Apfelausstecher das Kerngehäuse entfernen und die Äpfel aushöhlen.

Äpfel mit der Mandelmasse füllen. Den Grill auf etwa 200 °C vorheizen und eine indirekte Temperaturzone schaffen.

Die Äpfel auf die indirekte Seite des Grills setzen und bei geschlossenem Deckel in etwa 30 Minuten weich grillen. Mit Vanillesauce beträufeln und noch heiß servieren.

TIPP

Keine Sorge, wenn die heiße Vanillesauce noch nicht besonders dickflüssig ist — das wird sie spätestens im Kühlschrank.

Maronencreme

MIT SCHLAGSAHNE

FÜR 4 PERSONEN | 200 °C | DIREKT BEI GESCHLOSSENEM DECKEL

Zutaten

300 g Maronen
(Esskastanien mit Schale)

Mark von 1 Vanilleschote

200 g Sahne

2 EL Puderzucker

4 EL Irish-Cream-Sahnelikör

Außerdem

1 Grillschale oder -korb

Zubereitung

Den Grill auf 200 °C direkte Hitze vorbereiten.

Maronen gut waschen, kreuzweise einritzen und für ca. 25 Minuten in einer Grillschale oder einem -korb bei aufgelegtem Deckel grillen. Ab und zu mit etwas Wasser besprühen und hin und her bewegen.

Die gegarten Maronen schälen, noch warm in eine hohe Schüssel füllen und unter Zugabe von etwas Wasser und dem Vanillemark mit dem Mixstab schön glatt pürieren.

In einer anderen Schüssel die Sahne sehr steif schlagen und Puderzucker untermixen. Mit einem Kochlöffel und unter Zugabe vom Likör die beiden Massen miteinander vermengen und ggf. nachsüßen. In Gläschen füllen und kalt stellen.

TIPP

Wenn Kinder mitessen, den Likör einfach weglassen.

Gebrannte Creme

MIT SALZMANDELN

FÜR 4 PERSONEN | CA. 140 °C | INDIREKT BEI GESCHLOSSENEM DECKEL

Zutaten

2 TL Salz

1 Handvoll Mandelkerne

200 ml Milch

1 TL feiner Abrieb von 1 Bio-Orange

60 g weißer Zucker

Mark von 1 Vanilleschote

300 g Sahne

4 Eigelb (Größe M)

60 g brauner Zucker

Außerdem

4 flache feuerfeste Förmchen

1 Bräter

1 Grillschale

1 Bunsenbrenner

Zubereitung

Salz in 200 ml Wasser auflösen und die Mandeln darin einweichen.

Milch mit Orangenschale, Zucker und Vanillemark kurz aufkochen, vom Herd ziehen, etwas abkühlen lassen. Sahne und Eigelb zufügen. Alles mit dem Schneebesen verquirlen, 10 Minuten stehen lassen.

Den Grill auf 140 °C indirekte Hitze vorbereiten.

Die Masse auf 4 flache feuerfeste Förmchen verteilen und diese in einen Bräter mit heißem Wasser stellen, sodass sie zur Hälfte eingetaucht sind.

Mandeln abgießen, in eine Grillschale geben und zusammen mit dem Bräter auf den Grillrost stellen, den Deckel schließen. Nach etwa 50 Minuten sollte die Masse gestockt sein. Die Schälchen in den Kühlschrank stellen und 2 Stunden auskühlen lassen. Die Mandeln hacken.

Die Creme mit braunem Zucker bestreuen und mithilfe eines Bunsenbrenners zum Schmelzen bringen. Mit den gehackten Salzmandeln bestreuen und servieren.

AMENTO

Beilagen & Dips

Süßkartoffelpommes

MIT PARMESAN

FÜR 4 PERSONEN | 220 °C | INDIREKT BEI GESCHLOSSENEM DECKEL

Zutaten

1,4 kg Süßkartoffeln

30 g frischer Ingwer

50 g Parmesan

6 EL Sonnenblumenöl

Salz

2 EL frischer gehackter Thymian

Zubereitung

Die Süßkartoffeln waschen, abtrocknen und in ca. 1 cm breite Stifte schneiden. Den Ingwer schälen und reiben, den Parmesan ebenfalls fein reiben. Die Süßkartoffelstifte zusammen mit dem Ingwer in eine große Schüssel geben, mit dem Öl beträufeln und gut salzen. Mit der Hälfte des Parmesans sowie dem Thymian bestreuen.

Alles gut vermengen und auf dem Backblech verteilen. Dabei darauf achten, dass die Fritten nicht übereinanderliegen und genügend Platz haben.

Den Grill auf 220 °C indirekte Hitze vorbereiten.

Die Fritten für ca. 25 Minuten bei aufgelegtem Deckel goldbraun backen. Zwischendurch ein- bis zweimal wenden, damit sie von allen Seiten schön knusprig werden.

Die Fritten herausnehmen und gleichmäßig mit dem restlichen Parmesan bestreuen.

Marinierter Kürbis

MIT KREUZKÜMMEL-DIP

FÜR 4 PERSONEN | CA. 200 °C | DIREKT/INDIREKT BEI OFFENEM ODER GESCHLOSSENEM DECKEL

Zutaten

Für den Kürbis

1 Hokkaido-Kürbis

1 Knoblauchzehe

1 Zweig Thymian

6 EL Olivenöl

1 EL Currypulver

½ TL gemahlener Kreuzkümmel

¼ TL Cayennepfeffer

Zucker

Salz

Für den Dip

600 g Naturjoghurt

½ TL gemahlener Kreuzkümmel

50 ml Sesamöl

1 TL Currypulver

1 EL Honig

1 EL Olivenöl

Salz

Zubereitung

Kürbis gründlich waschen und trocken tupfen, anschließend vierteln und Kerne und Fasern entfernen. Kürbis in grobe Spalten schneiden. Hokkaido muss nicht geschält werden.

Knoblauch schälen und hacken, Thymian waschen, trocken schütteln und hacken. Olivenöl mit Currypulver, Kreuzkümmel, Cayennepfeffer, ½ TL Knoblauch, ½ TL Thymian, Zucker und Salz verrühren. Kürbisspalten mit der Ölmarinade bestreichen.

Den Grill auf etwa 200 °C anheizen und die Kürbisspalten bei direkter Hitze von beiden Seiten anrösten, auf der indirekten Seite fertig grillen. Das dauert etwa 15–20 Minuten.

Für den Dip Joghurt mit Kreuzkümmel, Sesamöl, Currypulver, Honig, Olivenöl und etwas Salz zu einem glatten Dip rühren.

TIPP

Dieser Dip bringt eine mediterrane Prise ins Spiel. Sie können ihn eigentlich überall darüberträufeln, um Gerichte zu verfeinern. Vorsicht, Suchtgefahr!

Flat Bread

IM BBQ-STYLE

FÜR 4 PERSONEN | CA. 300 °C | DIREKT BEI GESCHLOSSENEM DECKEL AUF DEM SCHAMOTTSTEIN

Zutaten

100 g Milch

10 g frische Hefe (ca. ¼ Würfel)

½ TL Zucker

100 g Joghurt

½ TL Backpulver

250 g Weizenmehl

Salz

Außerdem

1 Schamottstein

Zubereitung

Die Milch lauwarm erwärmen, Hefe hineinbröseln und Zucker zufügen. Anschließend verrühren, bis beides aufgelöst ist. Joghurt und Backpulver untermischen, dann unter Rühren das Mehl einsieben und ½ TL Salz zufügen. Falls der Teig – je nach Mehlsorte – noch zu klebrig ist, etwas mehr Mehl hinzugeben und den Teig zugedeckt ca. 1 Stunde gehen lassen.

Aus dem Teig 6–8 Kugeln formen und auf einer leicht bemehlten Arbeitsfläche zu dünnen Fladen ausrollen. Nochmals 10 Minuten zugedeckt gehen lassen.

Grill mit Schamottstein vorbereiten und maximal aufheizen. Die Fladen nacheinander von beiden Seiten 1–2 Minuten backen. Vor dem Wenden sollte der Teig deutliche Blasen werfen.

TIPP

Das Brot eignet sich sowohl als Beilage als auch zur Weiterverarbeitung für Wraps oder Kebabs.

Tomaten-Paprika-Focaccia

MIT KRÄUTERN

FÜR 1 GROSSES BROT

220 °C | INDIREKT BEI OFFENEM ODER GESCHLOSSENEM DECKEL AUF DEM SCHAMOTTSTEIN

Zutaten

Für den Teig

500 g Weizenmehl

2 TL Salz

4 EL Olivenöl

1 Würfel Hefe (42 g)

1 TL Zucker

Für die Füllung

300 g Kirschtomaten

100 g Mini-Paprika

3–5 EL Olivenöl

3–4 Thymian- und Oreganozweige zum Mitbacken

Salz

Außerdem

Backpapier

1 Schamottstein

Zubereitung

Für den Teig das Mehl in eine große Schüssel sieben. Salz und Olivenöl hinzufügen und kurz vermengen. Die Hefe in 300 ml lauwarmes Wasser bröckeln, den Zucker hinzufügen und die Hefe unter Rühren darin auflösen. Das Hefe-Gemisch zum Mehl geben und einen glatten Teig kneten. Den Teig zur Kugel formen und an einem warmen Ort mindestens 1 Stunde gehen lassen, besser länger.

Den Teig nochmals gut durchkneten und zu einem großen, ovalen Teigfladen ausrollen und diesen auf ein Backpapier setzen, das die Größe des Schamottsteins hat. Die Kirschtomaten waschen und halbieren, die Paprika waschen, entkernen und in sehr dünne Scheiben schneiden. Mit der Stielseite eines Holzlöffels kleine Mulden in den Teigfladen drücken und die Kirschtomaten und Paprikastücke in den Teig hineindrücken. Den Teig bei Raumtemperatur, mit einem Tuch bedeckt, weitere 20 Minuten gehen lassen.

Grill mit Schamottstein vorbereiten und auf 220 °C aufheizen. Das Gemüse eventuell nochmals fest in den Teig drücken, Olivenöl auf der Oberfläche verteilen. Die Focaccia auf dem Schamottstein ca. 20–25 Minuten backen, rund 10 Minuten vor Ende der Backzeit die Kräuter auflegen und für das Aroma noch kurz mitbacken. Die Focaccia direkt nach dem Backen mit etwas Salz bestreuen, die Kräuter entfernen und das Brot in kleine Streifen, Würfel oder Scheiben schneiden und servieren.

TIPP

Variieren Sie hier nach Lust und Laune – statt Tomaten und Paprika schmecken etwa auch Zucchini, Zwiebeln, Pilze und mehr!

Schnelle Aioli

OHNE EI

FÜR 4 PERSONEN

Zutaten

1 Knoblauchzehe

2 TL mittelscharfer Senf

200 ml Milch

300 ml Pflanzenöl

Salz

Zubereitung

Die Knoblauchzehe schälen und fein hacken. Den Senf mit Milch und Knoblauchzehe in einem Standmixer mixen.

Das Pflanzenöl in einem dünnen Strahl in die Milchmasse gießen, bis diese emulgiert und schließlich fest wird. Zum Schluss noch mit etwas Salz würzen.

In einem Schraubglas mit Deckel im Kühlschrank gelagert, hält sich die Aioli einige Tage.

TIPP

Sie können natürlich auch auf Knoblauch verzichten und den Dip als Mayonnaise servieren. Alternativ mischen Sie zusätzlich gekochtes Ei, saure Gurken und gehackte Petersilie mit unter, schon haben Sie eine würzige Remoulade.

Grüne Mojo

MIT PETERSILIE & CHILI

FÜR 4 PERSONEN

Zutaten

- 1 kleine grüne Chilischote
- ½ Bund frische Petersilie
- 5 Knoblauchzehen
- 3 EL grob zerriebenes Weißbrot
- 3 EL Rotweinessig
- 100 ml Olivenöl
- Salz
- Pfeffer

Zubereitung

Die Chilischote halbieren, den Stielansatz und Kerne entfernen und die Hälften klein schneiden. Petersilie waschen, trocken schütteln und die Blättchen abzupfen. Knoblauch schälen und halbieren.

Chili mit Petersilie, Knoblauch, Brotbröseln und Essig im Mixer pürieren. Anschließend das Olivenöl unterrühren, sodass eine homogene Sauce entsteht. Mit Salz und Pfeffer würzen.

HINWEIS

Diese Mojo passt besonders gut zu Salzkartoffeln oder Pommes. Aber auch zu gegrilltem Gemüse oder geröstetem Brot schmeckt sie herrlich aromatisch.

Pflaumen-Chutney

MIT PORTWEIN

FÜR 4 PERSONEN

Zutaten

1 Zwiebel

1 Knoblauchzehe

1 Chilischote

250 g getrocknete entsteinte Pflaumen

1 Zweig Rosmarin

1 Zweig Thymian

2 EL Pflanzenöl

250 ml roter Portwein

Kümmel

Salz

Pfeffer

Honig

Zubereitung

Zwiebel und Knoblauch schälen, Zwiebel würfeln, Knoblauch fein hacken. Chilischote entkernen und fein hacken. Getrocknete Pflaumen in Würfel schneiden. Rosmarin und Thymian waschen, trocken schütteln und hacken.

Pflanzenöl in einem Topf erhitzen und Zwiebel und Knoblauch darin anbraten. Pflaumen, Chilischote, je etwa 1 TL Rosmarin und Thymian hinzufügen und mit Portwein ablöschen.

Mit Kümmel, Salz, Pfeffer und Honig abschmecken und einköcheln lassen, bis das Chutney die Konsistenz von Konfitüre hat.

Gelbe-Bete-Chutney

MIT CRANBERRYS & INGWER

FÜR 4 PERSONEN

Zutaten

- 2½ kg Gelbe Bete
- 500 g Gemüsezwiebeln
- 1 Stückchen Ingwer (2 cm)
- 100 g getrocknete Cranberrys
- 175 g Muscovado-Zucker (alternativ brauner Zucker)
- 175 g Zucker
- 100 ml Aceto balsamico bianco
- 250 ml Apfelessig
- 1 Msp. Chiliflocken
- Salz
- Pfeffer

Zubereitung

Einen sehr großen, hohen Kochtopf bereitstellen. Die Gelbe Bete, die Zwiebeln und den Ingwer schälen und fein würfeln. Gelbe-Bete-Würfel, Zwiebelwürfel, Cranberrys, beide Zuckersorten, Aceto balsamico, Apfelessig, Chiliflocken und Ingwer in den Topf geben und alle Zutaten gut miteinander vermengen. Unter Rühren zum Kochen bringen.

Das Gemüse innerhalb von 45–60 Minuten im offenen Topf bei mittlerer Hitze zum Chutney einkochen lassen, dabei immer wieder umrühren, sodass nichts ansetzt. Das Chutney mit Salz und Pfeffer abschmecken und noch kochend heiß in sterile Gläser abfüllen. Die Gläser 5 Minuten mit der Deckelseite nach unten auf die Arbeitsplatte stellen, dann richtig herum hinstellen und das Chutney auskühlen lassen.

TIPP

Für leckere Crostinis einfach kleine, geröstete Brotscheiben mit Ziegenfrischkäse bestreichen und jeweils 1 EL Chutney darauf verstreichen. Mit frischen Kräutern garniert, servieren.

BBQ-Ketchup

MIT LEICHTEM RAUCHAROMA

FÜR 3 GLÄSER

Zutaten

- 3 rote Zwiebeln
- 1 Knoblauchzehe
- 1½ kg Tomaten
- 2 EL Olivenöl
- 1 TL Currypulver
- 1 TL geräuchertes Paprikapulver
- 1 Msp. Kreuzkümmel
- 100 g brauner Zucker
- 75 ml Weißweinessig
- Rauchsalz
- Pfeffer
- Chiliflocken

Zubereitung

Die Zwiebeln und die Knoblauchzehe schälen und fein würfeln.

Die Tomaten waschen, würfeln und entkernen. Das Olivenöl in einem großen, hohen Kochtopf erhitzen und die Zwiebel- und Knoblauchwürfel darin kurz anbraten. Hitze reduzieren und Tomaten, Currypulver, Paprikapulver, Kreuzkümmel, Zucker und Weißweinessig hinzufügen und alle Zutaten gut vermengen. Die Tomatenmasse unter Rühren zum Kochen bringen.

Den Ketchup bei kleiner bis mittlerer Hitze im halb geschlossenen Topf etwa 20 Minuten kochen lassen, zwischendurch immer wieder umrühren.

Den Ketchup mit Salz, Pfeffer und ggf. einigen Chiliflocken abschmecken. Den Ketchup noch kochend heiß in sterile Gläser abfüllen und diese gut verschließen. Der Ketchup hält sich, im Kühlschrank aufbewahrt, rund 2–4 Wochen.

TIPP

Den selbst gemachten Ketchup können Sie auch hübsch verpacken und als Mitbringsel mit zum Grillen zu Freunden nehmen – eine schöne Geschenkidee aus der Küche!

Zitronenbutter

MIT PETERSILIE

FÜR 200 G

Zutaten

- 1 Bio-Zitrone
- ½ kleines Bund Petersilie
- 200 g zimmerwarme Butter
- Salz
- weißer Pfeffer aus der Mühle

Zubereitung

Die Zitrone waschen und mit Küchenpapier trocken reiben. Die Schale fein abreiben und die Frucht auspressen.

Die Petersilie waschen und trocken schütteln, die Blättchen abzupfen und fein hacken.

Die Butter cremig rühren und nach und nach Petersilie sowie Abrieb und Saft der Zitrone gründlich unterrühren. Mit Salz und Pfeffer würzen. Mit Folie abdecken und vor dem Verzehr für etwa 2 Stunden im Kühlschrank kühlen lassen.

Gurken-Relish

MIT ÄPFELN & HONIG

FÜR 4 PERSONEN

Zutaten

1 Salatgurke

1 Zwiebel

1 Knoblauchzehe

2 Äpfel

½ Chilischote

50 ml Olivenöl

1 EL Senf

2 EL Honig

100 ml Aceto balsamico bianco

1 EL gehackter Dill

Salz

Zubereitung

Salatgurke, Zwiebel, Knoblauch und Äpfel schälen. Salatgurke und Äpfel entkernen und grob würfeln. Knoblauch und Zwiebel fein hacken. Chilischote entkernen und ebenfalls fein hacken.

Olivenöl in einer Pfanne erhitzen und Zwiebel- und Knoblauchstücke kurz darin anschwitzen, Gurken- und Apfelwürfel hinzugeben und alles gemeinsam glasig anschwitzen.

Senf und Honig in die Masse einrühren und mit Aceto balsamico ablöschen. Chilischote, Dill und Salz zugeben und alles einkochen lassen, bis fast keine Flüssigkeit mehr vorhanden ist.

Quark

MIT 7 KRÄUTERN

FÜR 4 PERSONEN

Zutaten

je 2 Stängel Dill, Schnittlauch, Petersilie, Sauerampfer, Borretsch, Kerbel

1 Handvoll Kresse

600 g Quark

150 g Sahne

Salz

Pfeffer

Zubereitung

Kräuter gründlich waschen und trocken schütteln. Blättchen bzw. Spitzen von den Stängeln zupfen und fein hacken, Schnittlauch in Röllchen schneiden und Kresse vom Beet schneiden.

Alle Kräuter mit Quark und Sahne mischen und mit Salz und Pfeffer abschmecken.

TIPP

Sie können einzelne Kräuter nach Belieben und Verfügbarkeit austauschen. Für etwas mehr Pep können Sie den Quark noch mit etwas Zitronensaft oder Chiliflocken verfeinern.

Impressum

Covergestaltung, Layout und Satz: Celina Reiser

Bildnachweis: Volker Debus, außer: © Alexander Raths/Shutterstock (Cover), © Arina P Habich/Shutterstock (S. 10), Nadja Buchczik (S. 53, 57, 155), © casanisa/Shutterstock (Cover), Sabrina Sue Daniels (S. 137), © EshanaPhoto/Shutterstock (S. 14), Stefanie Hiekmann (S. 143, 151, 153), © Larisa Blinova/Shutterstock (S. 112/113), © Mariaprovector/Shutterstock (S. 11), © Mikhaylovskiy/Shutterstock (S. 8), © Mr. and mrs. Black/Shutterstock (S. 13), © Patty Orly/Shutterstock (S. 147), © Richard Semik/Shutterstock (S. 11), Guido Schmelich (S. 22/23, 43, 45, 47, 59, 60/61, 69, 71, 73, 76/77, 81, 87, 131, 133, 141), © Studio Lucky/Shutterstock (S. 6/7, 13), © SunKids/Shutterstock (S. 10), © sutulastock/Shutterstock (S. 48/49), © zi3000/Shutterstock (S. 4/5, 14)

Texte & Rezepte: Mora Fütterer, außer: Rose Marie Donhauser (S. 52, 56, 154), Stefanie Hiekmann (S. 136, 142, 150, 152), Guido Schmelich (S. 11, 12, 42, 44, 46, 58, 68, 70, 72, 80, 86, 130, 132, 140)

Lektorat: Lea Niesler

ISBN 978-3-7459-1109-1

Printed in Polygraf Print, Čapajevova 44, 08001 Prešov, Slowakei

www.emf-verlag.de